I0509983

PABLO PLATERO

TRABAJAR
Y SER FELIZ

DESARROLLO
Y BIENESTAR PERSONAL

TRABAJAR Y SER FELIZ

Todos los derechos reservados

Publicado por Pablo Platero

V. 21.419

Copyright @2019, 2023

ISBN 978-167-09498-6-8

Para Gaby

TRABAJAR Y SER FELIZ

Índice

Agradecimientos 9

Introducción..11

Felicidad 19

PARTE 1: Tú manejas tu 40%............................**25**

Gratitud.. 27
Propósito.. 32
Definición de objetivos.................................... 38
Positividad vs. Negatividad............................. 42

PARTE 2: Las Tormentas **47**

Observa y mantén la calma 51
Manejo del estrés.. 54
Las profecías autocumplidas........................... 60

PARTE 3: Cambio Personal **67**

La pregunta correcta: ¿Cómo te gustaría ser?.............. 71
Tu mejor versión 75
Manejo del tiempo... 78
Cumplimiento de objetivos 81
Ayuda a otras personas 85
Lidera el cambio.. 90
Impacto personal 94

PARTE 4: Tu Potencial....................................**99**

Aprende de tus errores................................... 103
Fortalezas.. 106
Lo que no puedes resignar 111

Epílogo: Tú elijes **115**

Agradecimientos

El proceso de escribir este, mi primer libro, ha sido tan difícil como imperfecto y me ha llenado de aprendizajes maravillosos. No soy un experto en psicología ni un estudioso de las neuro-ciencias, pero siento una inmensa curiosidad por la ciencia de la felicidad y como tal, soy un minucioso observador de las conductas humanas.

Agradezco el enorme apoyo en esta aventura a toda mi familia, mi esposa Gaby, a mis hijos Martina, Gonzalo y Felipe quienes me enseñan lo que es la felicidad cada día. También a mis padres y mis hermanos, quienes me han acompañado siempre, como así también a mis amigos de siempre, los que nunca cambian, quienes desde la escuela primaria hasta hoy me hacen reír hasta las lágrimas llenándome el corazón. Gracias por toda una vida de amistad.

Agradezco a todas las personas que me han educado en este campo, especialmente a Tal Ben-Shahar de quien he aprendido la mayoría de los conceptos vertidos en este libro a través de sus clases y su bibliografía. También a Maria Sirois y Megan McDonough junto con tantas otras personas que me iluminaron con su magia.

Por último, agradezco a todas las personas con las que he trabajado a lo largo de casi 30 años, pues a través de buenos y malos ejemplos me han regalado inspiración para este libro.

Introducción

¿Soy feliz? Me he hecho esa pregunta cientos de veces, y durante muchos años no obtuve respuesta. De hecho, ahora sé qué ni siquiera entendía bien el significado de la pregunta. ¿Qué es ser feliz después de todo?

¿Ser felices con la vida que llevamos no es acaso el objetivo principal de todos nosotros? ¿Cómo es entonces que, algo que es tan relevante para todo ser humano, sea tan difícil de definir? Trataré de responder esta pregunta en las próximas páginas, antes quiero contar brevemente mi historia personal.

Un día, poco tiempo después de mudarme con mi familia a Brasil, ocurrió algo que cambiaría mi vida para siempre. Esa tarde, mi mujer Gaby estaba explorando alternativas para complementar su carrera de Psicología y así lograr obtener mejores opciones laborales en nuestro nuevo destino. En medio del trajín diario, me comentó cuáles eran sus dos principales opciones, esperando que mi opinion la ayudara a decidirse. Luego de analizarlas unos momentos le dije: *"Ambas me parecen muy interesantes para tu formación. Pero la opción de Positive Psychology me parece fascinante. Es más, si avanzas por ese camino yo voy con vos y lo hacemos juntos".*

Nunca olvidaré su mirada incrédula, sin entender por qué me podría interesar a mí algo como eso, pero ambos estábamos entusiasmados de poder aprender y compartir esta experiencia juntos. Era la primera vez que escuchaba hablar de Positive Psychology (Psicología Positiva), conocida como "La Ciencia de la Felicidad" y me apasionó desde el primer momento en que leí sobre el tema. Apenas unas pocas horas después ya habíamos pagado los aranceles iniciales y listos para embarcarnos en esa aventura.

Lo que desencadenó mi impulso de estudiar Psicología Positiva fue, tal vez, la necesidad de responder algunas preguntas y especialmente responder "la" pregunta. Estaba lidiando con ese sentimiento interno de que teniendo todo lo que un hombre puede desear, salud, una familia fantástica, buenos amigos y un gran trabajo, sin embargo, no sentía que estaba floreciendo y disfrutando plenamente de mi vida, probablemente preocupado por las incertidumbres del futuro o rumiando eventos del pasado.

El proceso para la Certificación en Piscología Positiva se extendió a lo largo de un año con una mezcla de estudio a distancia y encuentros inmersivos en Massachussets (USA). Fue una experiencia reveladora y extraordinaria. Me permitió encontrar algunas respuestas que estaba buscando hacía tiempo y también desarrollar herramientas para mejorar mi vida, mi bienestar general y crecer como individuo.

¿Qué es la Psicología Positiva? En pocas palabras diría que es una rama de la psicología que estudia a las personas, familias y organizaciones que funcionan bien, que florecen y alcanzan su máximo potencial, a diferencia de la psicología tradicional que se enfoca en los problemas, las patologías y las disfunciones.

Además de haber tenido el privilegio de estudiar con Tal Ben-Shahar, quien es famoso por haber diseñado y

Introducción

liderado el curso de Psicología Positiva para Harvard transformándolo en el más concurrido de la historia de la prestigiosa Universidad, junto con mi esposa hemos leído gran cantidad de bibliografía sobre el tema y nos divertimos mucho compartiendo aprendizajes y reflexiones.

También como padres ponemos en práctica con nuestros hijos muchos de los conceptos aprendidos.

Pero lo más relevante para este libro es que logré ponerlo en práctica en mi trabajo lo cual me trajo muchas satisfacciones ya que me ayudó a tener una visión más sana sobre mí mismo y también poder ayudar a otras personas.

A lo largo de mi carrera profesional he observado que el trabajo tiene una importancia significativa en nuestra vida y condiciona muchas veces nuestro estilo de vida, nuestro humor, nuestras relaciones y, a la larga, nuestra felicidad. Esto ocurre no solo porque pasamos una enorme cantidad de horas en nuestras obligaciones, sino también porque es en el trabajo donde le damos un sentido a nuestra existencia, nos desarrollamos intelectualmente, aprendemos a enfrentar éxitos y fracasos, crecemos, caemos y nos levantamos. Y tiene tanto peso en nuestras vidas que muchas veces sometemos nuestro estado de bienestar general a nuestros vaivenes laborales.

Es fácil y triste observar que un gran porcentaje de la gente realmente padece su trabajo, lo sufre, en lugar de disfrutarlo. Basta andar por la calle, tomar un taxi, entrar en una oficina pública o trabajar en cualquier tipo de organización para observar la infinidad de personas que solo se quejan, se victimizan, pierden su motivación y la concentración y, lógicamente, pierden también eficiencia en sus labores y en sus vidas.

Muchas de estas personas pasan más tiempo soñando con un cambio del que pasan concentrados en sus actividades. Sin embargo, otras personas que hacen esos mismos trabajos parecen disfrutarlo y lo hacen normalmente con placer y excelente predisposición. Entonces te pregunto ¿el problema está en el trabajo o en la persona? Algunas veces cambiar de trabajo es realmente la solución, pero otras veces eso no es posible, o no es necesario, y es entonces la persona (y no el trabajo) la que tiene que cambiar. Sea un caso o el otro, si algo de esto está pasando en tu vida, espero que este libro pueda ayudarte a descubrirlo y tomar acción al respecto.

Como parte de mi proyecto final para la certificación del curso, me propuse armar un grupo de experimentación en mi oficina para hablarles de la relación entre la felicidad y el trabajo. Como no tenía certeza del impacto ni de la relevancia para cada persona, decidí convocar a un grupo muy cercano a mí, personas de confianza y queridas que me permitieran reducir el riesgo de exposición y darme una retroalimentación honesta sobre esta iniciativa.

Así organicé una sesión de cuatro horas para contarles lo que yo había aprendido y exponerlos a una serie de ejercicios de reflexión para que analizaran su relación con el trabajo y el rumbo que ellos estaban imponiendo a sus vidas. Las reacciones fueron mucho mejor de lo esperado y eso me dio la confianza para avanzar un poco más.

A la primera sesión le siguió una segunda, y luego una tercera, y otra más, y así mi mensaje fue llegando a más y más gente dentro de la organización. En esas sesiones he visto personas riendo, otras llorando e inclusive gente cambiando el rumbo de su vida, tomando decisiones trascendentales en ese mismo momento, delante de mis ojos.

¿Qué fue eso? No lo sé, no estoy seguro. Quizás conseguí abrir el camino para que un sentimiento escondido pudiera expresarse, incitando a esa persona a reflexionar profundamente sobre su vida y sus actitudes y de esa forma tomar control sobre sus comportamientos y sus elecciones.

Para complementar y dar seguimiento a las charlas comencé a escribir un mensaje semanal todos los lunes con la idea de reforzar algunos conceptos, generar motivación y dar un enfoque positivo a cómo encarar la semana de trabajo. De la misma forma, comencé primero con mi grupo de confianza, las mismas seis personas de la sesión inicial, rápidamente la lista de distribución fue agrandándose hasta quedar prácticamente fuera de mi control.

El mensaje siguió expandiéndose. Más personas de la organización me pidieron ser incluidas en la lista de distribución, luego algunos comenzaron a enviarlo a sus familiares y amigos fuera de la organización. Algunas personas cambiaron de trabajo y llevaron consigo el mensaje a su nueva empresa dándole a mi iniciativa un carácter exponencial que, aunque me halaga, nunca pretendí.

Al momento de escribir este libro llevo ya tres años en esta misión. Hace algún tiempo tuve la sensación de que ya no tenía mucho más para decir y pensé en parar. Pero, cosas del destino, ese mismo día, como si alguien lo hubiera mandado, recibí un mail muy alentador de un colega llamado Flavio quien poco tiempo atrás se había mudado para Inglaterra. Flavio estaba ahora trabajando en un a fabrica muy grande en este nuevo destino y me contó que estaba compartiendo mi mensaje con un grupo grande de personas quienes lo esperaban cada lunes con entusiasmo porque era muy importante para todos ellos. Aquel mensaje me impulsó a seguir adelante.

La mayoría de los emails semanales contienen un mensaje simple y corto, algo para leer en menos de dos minutos, enfocado en mejorar la calidad de vida y dar un enfoque positivo al trabajo, invitando a la reflexión sobre nuestros comportamientos. Hoy puedo decir que cada día me siento más feliz por los resultados que algunos me cuentan que van logrando obtener gracias a poner en práctica alguna idea.

En este libro he compilado algunos de estos mensajes y los he vinculado con historias reales que les dan forma y vida a los aprendizajes, moviéndolos de lo abstracto a lo concreto, a la vida real, para así poder ilustrarlos con mayor claridad. Todas las historias son reales, he cambiado los nombres de los protagonistas para resguardar la identidad de las personas que fueron parte de ellas.

En todo este proceso de estudio, experiencias y transformación personal hay cuatro aprendizajes principales que desarrollo a lo largo del libro:

- **Primer Aprendizaje:** Tenemos una gran injerencia y responsabilidad sobre nuestra felicidad a través de las decisiones que tomamos y nuestras propias acciones.

- **Segundo Aprendizaje:** La vida pone obstáculos en nuestro camino que nos ayudan a crecer y a ser mejores. Aunque en el momento duelen, esas "tormentas" son necesarias, entre otras cosas, para poder apreciar mejor momentos de calma y armonía, o como me gusta llamarlos, los días soleados.

- **Tercer Aprendizaje:** Nuestro cerebro es flexible y consigue cambiar si nos esforzamos y aprendemos cómo hacerlo. Entonces debemos dejar de decir "yo soy así" y ponernos en acción para cambiar lo que no nos gusta de nosotros.

- **Cuarto Aprendizaje:** Todos tenemos infinito potencial. Sin embargo, no todos tenemos la fortuna de descubrirlo, cultivarlo adecuadamente y hacerlo florecer. Es nuestra responsabilidad descubrir cuáles son nuestras fortalezas y pasiones para que consigamos el máximo desempeño y disfrutemos de lo que hacemos. También es nuestra responsabilidad animar a otros a descubrirlo, ya que en ayudar a otros reside gran parte de la felicidad.

Cada uno de estos cuatro aprendizajes está desarrollado en las cuatro partes de este libro a través de historias y la compilación de alguno de estos mensajes que mando cada lunes.

Me han preguntado varias veces cuál es mi intención al escribir este libro. Mi misión es simple: ayudar a quien lo necesite lo cual me apasiona y está estrechamente relacionado con mi propósito personal.

Deseo de corazón que estas historias, los aprendizajes y las recomendaciones, te ayuden, te inspiren y te impulsen a mejorar.

Felicidad

"¿Te ha pasado alguna vez que buscas un objeto y está frente a tus ojos o lo tienes en la mano? Pues algo similar pasa con la felicidad."

El deseo innato y profundo de ser feliz es prácticamente universal. Ser feliz es la máxima prioridad para la mayoría de los seres humanos. Sin embargo, ¿qué es la felicidad? es una pregunta muy difícil de responder con precisión porque el significado es algo muy diferente para cada persona.

A pesar de que pueden existir índices de bienestar general de una población, no existe tal cosa como medir la felicidad individual y poder comparar la felicidad de dos personas es imposible pues es simplemente un estado mental único e individual al cual cada persona le da un significado diferente.

El hecho de que sea difícil de medir y comparar no significa que no podamos hacer nada con ello, pues al final no estamos en una competencia para ver quién es el más feliz sino en un desafío personal de mejorar nuestra propia felicidad a lo largo del tiempo, donde nosotros somos los principales interesados.

Es muy común caer en la trampa de confundir felicidad con éxito. Encuestas realizadas en jóvenes y adolescentes muestran que casi un 80% tiene como principal aspiración llegar a ser millonarios dando por sentado que eso les traerá toda la felicidad que necesitan. Los medios de comunicación y redes sociales refuerzan constantemente esta percepción y es muy fácil acabar deseando la vida de otras personas asumiendo que, detrás de sus fotos y videos glamorosos, tienen una vida plenamente feliz.

Múltiples estudios han demostrado que, una vez cubiertas las necesidades básicas, el dinero no tiene una correlación directa con la felicidad, tampoco la fama o popularidad ya que, si bien esto luce atractivo a la distancia, está repleto de ejemplos de millonarios y famosos que cometen suicidio o acaban adictos al alcohol o a las drogas para poder tolerar sus propias vidas. Y de la misma forma hay personas que, teniendo solo lo justo para cubrir sus necesidades, consiguen tener una vida plena de felicidad.

La correlación entre la felicidad y los acontecimientos de nuestra vida es pequeña. Estoy seguro de que conoces a personas felices que pasaron por eventos trágicos o sufrieron accidentes, mientras que otros con una vida fácil y sin mayores problemas, se quejan de todo, incluso llegando a caer en estados depresivos.

En su libro "Tropezando con la felicidad", el psicólogo Daniel Gilbert revela las ideas erróneas que las personas tenemos al imaginar un futuro estado de felicidad como resultado del cumplimiento de algún objetivo puntual. A través de su investigación, nos demuestra que los éxitos y fracasos solo conducen a cambios temporales en nuestro nivel de bienestar, y no a cambios permanentes. De tal manera, conseguir algún objetivo como una graduación, una promoción en el trabajo, un casamiento, etc., solo pueden alterar temporalmente nuestro estado anímico,

Felicidad 21

pero no tienen la capacidad de cambiar nuestro nivel de bienestar general y pasado el éxtasis del momento volveremos a nuestro nivel basal. De la misma forma, la alteración anímica que producen los fracasos es igualmente temporal.

Condicionar la felicidad a un evento futuro o a alguna posición deseada de éxito, presenta dos problemas.

El primer problema es no llegar. Por ejemplo, pensemos en un jugador de tenis que se mentaliza que solo será feliz cuando consiga ser el número uno del ranking mundial. Como puedes imaginar sus chances de conseguirlo son ínfimas y entonces está corriendo un gran riesgo al condicionar su felicidad al cumplimiento de ese objetivo. Si nunca logra alcanzar su objetivo, perderá, no solo la posibilidad de ser feliz, sino que también la oportunidad de disfrutar de todos los días que ha invertido en esa búsqueda.

Al situar la felicidad "allá afuera" y "allá adelante", nuestra vida se transforma en una infeliz maratón en busca de un objetivo sin garantía de que algún día lleguemos a ser felices.

El segundo problema que presenta la visión del "afuera y adelante" es que cuando finalmente llegamos a nuestra tan deseada meta, nos inunda un alivio fugaz que confundimos con felicidad. Pero dura poco. Si ese tenista llegara a ser número uno del mundo, sentirá por supuesto un alivio, una gran alegría y orgullo, pero todo eso es efímero y circunstancial. Pronto sentirá que eso ya no es suficiente, y precisará una nueva meta, por ejemplo, mantenerse en esa posición por más tiempo que ningún otro tenista en la historia, es decir, una nueva maratón. Y así comenzamos a perseguir una nueva meta, aún más alta,

TRABAJAR Y SER FELIZ

para poder volver a sentir esa efímera sensación de (falsa) felicidad.

Si ser feliz estuviera reducido a alcanzar algunos logros, entonces nuestra felicidad sólo estaría limitada a pequeños momentos y no podríamos hablar de una vida plena. De alguna manera, aceptar esa visión es resignarse a ser infeliz la mayor parte del tiempo. Si llegáramos al ocaso de nuestras vidas con ese grado de infelicidad, sin dudas nos arrepentiríamos profundamente al darnos cuenta de que la vida se ha ido y que la mayor parte del camino no hemos sabido ser felices.

Comencé este libro con la pregunta "¿Soy Feliz?" y una de las cosas que he aprendido es que no es la pregunta correcta, ya que ésta solo permite dos respuestas posibles: "si" o "no". Lo cierto es que no hay una línea divisoria que indique que de la línea para arriba se es feliz y de la línea para abajo se es infeliz. Todos tenemos nuestros momentos de alegría, de tristeza y de bienestar general que son únicos, y el secreto pasa por ir aprendiendo a manejar estas emociones y la transición entre ellas de una manera saludable.

En su libro *"Happier"*, Tal Ben-Shahar explica *"en lugar de preguntarme si soy feliz o no, una pregunta más útil es ¿Cómo puedo ser más feliz? Esta pregunta reconoce la naturaleza de la felicidad y el hecho de que su búsqueda es un proceso continuo. Hoy soy más feliz que hace cinco años, y espero ser más feliz dentro de cinco años de lo que soy hoy. Ser más feliz es una búsqueda de toda la vida"*.

Es importante diferenciar entre "estado anímico" y "felicidad". El estado de ánimo puede fluctuar a lo largo del día, pero el estado de felicidad generalmente no cambia de un rato al otro, o de un día al otro, no es fluctuante.

Felicidad

Contrariamente a lo que la mayoría de la gente cree, no es el éxito lo que conduce a la felicidad, sino que el éxito y la felicidad tienen una relación recíproca. Numerosos estudios han demostrado que la felicidad es un estado mental el cual conduce a tener mejores relaciones, matrimonios más saludables, mejores trabajos, mejor desempeño laboral, mayores ingresos, mayor resiliencia para enfrentar dificultades, mejor salud y más longevidad.

El estado mental de felicidad o bienestar muchas veces no sucede porque sí, sino que se necesita un esfuerzo diario constante para generarlo y mantenerlo. Es por eso que, lejos de resignarnos a ser pasivos espectadores, debemos tomar la responsabilidad de entender nuestras emociones, hacerlas conscientes y ganar control sobre nuestro bienestar a través de nuestras acciones.

Observemos la popular frase que dice *"La felicidad no es un destino, es un camino"*. Si pensamos con detenimiento, la frase tiene absoluto sentido, pues no es realista pensar que algún día "se llegará" a un lugar lleno de felicidad; una felicidad que no estaba allí antes y que, de pronto, "está" y repentinamente lo invade todo.

Para hablar de Felicidad no es posible comprometer el presente, hay que disfrutar cada momento, saboreando nuestra vida, y apreciando y agradeciendo todo aquello que somos y que tenemos todos los días. Ni más ni menos.

Tal Ben-Shahar sugiere que la felicidad es la reconciliación entre el placer y el significado o propósito que le encontramos a nuestra vida. Si conseguimos sentirnos bien en nuestro día a día a medida que estamos construyendo algo hacia el futuro podemos encontrar ese balance. En cambio, si solo nos preocupamos con el futuro, podemos poner en riesgo el presente olvidándonos de disfrutar la mayor parte de nuestro tiempo, mientras que, si solo nos enfocamos en el disfrute del momento, podemos correr el riesgo de sentir que no estamos construyendo nada importante en la vida.

Es a través de elecciones equilibradas entre placer (beneficio presente) y significado o propósito (beneficio futuro) que uno puede obtener una buena dosis de la felicidad deseada por períodos más largos de tiempo. Entonces podemos acordar que el secreto de tener una buena relación con la vida reside en tener una actitud consciente hacia el disfrute del día a día, mientras vamos construyendo un futuro mejor.

PARTE 1: Tú manejas tu 40%

La psicóloga Sonja Lyubomirsky en su libro "El Cómo de la Felicidad", del inglés "The How of Happiness", desarrolló la fórmula 50%—10%—40% donde a través de su investigación, ella y sus colegas argumentaron que aproximadamente el 50% de la variación en la felicidad está determinada por los genes, y otro 10% está determinada por las circunstancias de nuestra vida, como ser el lugar donde nacimos o nuestro ambiente familiar. Automáticamente, eso deja un 40% en el que realmente podemos influir, que está bajo nuestro control, y está relacionado con las elecciones que hacemos todos los días.

Si todos aprendiéramos a manejar ese 40% a través de mejores decisiones, nuestro grado de felicidad se elevaría en gran escala. El problema radica en concentrarnos en ese 40% en lugar de dedicar tiempo a preocuparnos y quejarnos por cosas que no podemos cambiar porque no están en nuestro dominio. No te dejes engañar por este número, aquí tú tienes 100% de responsabilidad y es donde debes enfocarte. El potencial de manejar tu 40% es enorme si decides tomar el control pleno de tus acciones como respuesta a tus emociones.

Para maximizar el 40% necesitamos tomar decisiones orientadas a elevar nuestro bienestar general. Algunas pautas para ello podrían estar en las respuestas a las siguientes preguntas:

¿Tenemos claro nuestro principal propósito en la vida?

¿Cómo creamos espacios de tiempo libre para invertir en las cosas que más disfrutamos hacer?

¿Podemos determinar objetivos concretos para poder administrar nuestra vida en lugar de que otros lo hagan por nosotros?

¿Cómo podemos disfrutar más del tiempo que pasamos en nuestro entorno laboral?

¿Aprecias suficientemente todo lo que tienes o en cambio pasas el día enfocado en lo que te falta?

¿Cómo cuidamos nuestra salud y nuestro cuerpo?

¿Estamos haciendo una elección inteligente de la comida que comemos?

Preguntas como estas fueron muy importantes para mi desarrollo personal, y de sus respuestas surgieron acciones que fueron contribuyendo a mi bienestar personal, permitiéndome tomar control sobre mi 40%.

A lo largo de la vida se toman millones de decisiones. Lo importante es recordar que en cada segundo de tu vida se te presentan opciones y tú puedes decidir qué camino tomar. Si ese proceso ocurre conscientemente, tendrás más poder sobre tus acciones y, consecuentemente, estarás ocupándote de tu propio bienestar y tu propia felicidad.

Gratitud

"La gratitud es el ingrediente más importante para vivir una vida exitosa y plena"
Jack Canfield

Uno de mis hijos tenía la tendencia muy marcada de darle más relevancia a las cosas malas que ocurrían en su vida que a las buenas. Junto con mi esposa decidimos ayudarlo a cambiar ese modo que elegia para mirar el mundo.

En cada ocasión en la que le preguntaba sobre como había sido su día, casi sin excepción, mostraba una respuesta negativa o pesimista. Sin negar que algunas de las cosas que decía eran verdaderas, su problema residía principalmente en solo percibir las cosas negativas e ignorar las cosas normales o positivas. Comentarios como "la maestra me odia" o "la clase de Arte es muy aburrida" eran lo más común en su forma de expresarse.

Me propuse intentar cambiarle esa visión sobre la vida forzándolo a observar también las cosas buenas de cada día. No se trata de ignorar las malas, sino de equilibrarlas, le expliqué. Le propuse que a partir de esa noche, antes de dormir, anotemos en un cuaderno las tres mejores cosas que le pasaron durante el día y por las que debería estar agradecido. "No hay tres cosas buenas todos los días", me desafió. "Probemos", insistí yo.

Con astucia me propuso que yo también anotara mis tres mejores momentos del día y esa misma noche nos dispusimos a comenzar con la tarea. Con bastante disciplina y perseverancia hicimos esto durante unos cuantos meses y el impacto fue muy positivo para los dos. Solo ahí me di cuenta que yo también lo necesitaba.

Con el tiempo, comenzamos a notar el cambio y vimos como ya comenzó a reconocer con mayor facilidad las cosas bonitas de la vida. Con claridad vimos que no se trata de grandes cosas ni eventos extraordinarios. Se trata de encontrar cosas extraordinarias en la vida cotidiana, porque si las buscas ahí están, esperando ser observadas, solo que normalmente las pasamos por alto.

Si hay algo que he aprendido a través de la Psicología Positiva es justamente a dejar de dar por sentadas todas las cosas maravillosas que la vida me ofrece cada día. Cosas rutinarias, como levantarme por la mañana, poder hacer ejercicio, sentir el aroma del café en el desayuno, mirar por la ventana y ver el sol iluminar el día o tener el privilegio de tener un buen trabajo y tantísimas otras cosas. Si no nos tomamos el tiempo de contemplarlas con detenimiento, las podemos pasar por alto con mucha facilidad, pues nuestro cerebro está diseñado para prestar atención a las cosas negativas o que se presentan como amenazas como parte de nuestro instinto de supervivencia. En otras palabras, se requiere un esfuerzo adicional para quitar al cerebro de su modo natural y así poder observar y apreciar las cosas positivas y bonitas de nuestra vida.

Hay muchas cosas a nuestro alrededor cada día, cada mañana, cada tarde, y cada noche con el potencial de proveer felicidad. Pero no les prestamos suficiente

PARTE 1: Tú manejas tu 40% 29

atención porque estamos demasiado apurados para fijarnos en eso, o demasiado absorbidos leyendo las noticias o consumidos por nuestro teléfono celular mirando fotos de otras personas en las redes sociales.

Lo cierto es que, el no prestar atención a estas cosas, nos quita la oportunidad de darles el valor que ellas tienen. Si no apreciamos las cosas buenas, las cosas buenas se "deprecian", o sea, pierden valor.

La práctica de "Atención Plena", o "Mindfulness" en inglés, es una de las mejores herramientas para conseguir realzar el valor de todas las cosas que normalmente damos por sentadas. Es muy simple estar en "Atención Plena", solo requiere bastante disciplina y esfuerzo al inicio para poder liberar a nuestra mente de distracciones y de las habituales preocupaciones sobre el futuro.

Debido al propósito principal que debe cumplir, el cerebro está todo el tiempo mirando hacia el pasado, tratando de recordarnos todo lo que ha salido mal o mirando para el futuro mostrándonos todo lo que podría salir mal. En su inagotable obsesión por protegernos, el presente, excepto que haya un riesgo inminente, no es algo que al cerebro le interese.

Para observar el presente con detenimiento, debemos decirle al cerebro, "¡PARA!, déjame sentir este momento". El solo hecho de detenerse en forma consciente a apreciar todas las cosas maravillosas que hay a nuestro alrededor genera un impacto positivo en nuestra forma de encarar la vida. Al mismo tiempo, si logramos transformar ese modo de estar consciente en un comportamiento o acción para expresar agradecimiento, podemos expandir ese impacto positivo a otras personas.

En el ámbito laboral siempre hay cosas que no nos gustan, o alguien que no nos simpatiza, pero debemos detenernos a pensar en las cosas de nuestro trabajo que más disfrutamos, las cuales muchas veces quedan opacadas y escondidas detrás de algunas pequeñas cosas negativas. Al observar y apreciar las cosas buenas con detenimiento, elevamos su importancia y nos permitimos sentirnos agradecidos por ello, equiparando de una manera mucho más balanceada las cosas negativas que, lógicamente, también existen.

Es por su gran importancia que la gratitud es uno de los impulsores de felicidad más rigurosamente investigados por la ciencia del comportamiento, pues ofrece un profundo impacto en múltiples aspectos de nuestro bienestar.

La Psicóloga Sonja Lyubomirsky, explicó de forma muy simple y clara los beneficios más destacados de la gratitud:

- Promueve saborear experiencias de vida positivas.
- Refuerza la autoestima.
- Mejora la recuperación de estados de estrés y trauma, aumentando la resiliencia.
- Promueve el comportamiento moral.
- Ayuda a construir y fortalecer las conexiones sociales.
- Inhibe la comparación social.
- Disminuye las emociones negativas.

Sentir y expresar agradecimiento tiene beneficios relevantes para tu vida. Aquí detallo algunas ideas que pueden ayudarte a dar algunos primeros pasos para transformarlo luego en un hábito o rutina.

PARTE 1: Tú manejas tu 40%   31

- **Carta de agradecimiento**: Escribe una carta a alguien que te haya ayudado de alguna manera. Envíala, o mejor aún, ve personalmente y léesela en voz alta a esa persona. El efecto en esa persona será asombroso. Y el efecto en ti también lo será.

- **Mensajes de texto diarios**: Toma tu teléfono y escribe un mensaje de agradecimiento a alguna persona querida o que te haya tendido una mano alguna vez. No es necesario explicar por qué, solo hazlo. Si ya te vino alguien a la cabeza hazlo en este mismo momento.

- **El mejor momento del día**: Esto es algo que practicamos bastante durante la cena con mi familia, hablando sobre las dos o tres mejores cosas que nos han ocurrido durante el dia. Normalmente son cosas muy simples, tal vez incluso una buena comida o un momento divertido.

- **Practica Atención Plena (Mindfulness):** Esta técnica puede ser muy efectiva para comenzar a apreciar el presente y sacar al cerebro de su modo natural. Hasta la cosa más sencilla, como el aroma de un café o un gesto de bondad puede ser muy gratificante cuando le prestas atención.

Propósito

"No hay mejor regalo que puedas dar o recibir que el de seguir tu vocación. Es para lo que naciste, y a través del cual te sentirás más vivo".

Oprah Winfrey

Una mañana, como tantas otras, llegué a mi trabajo y me senté a hablar con Andrea, tal como habíamos acordado la tarde anterior.

—¡Hola Andrea!, ¿cómo estás? —la saludé con calma a pesar de tener aun la cabeza colmada de otros asuntos. Dejando mis cosas sobre el sillón, directamente abordé el tema importante que nos incumbía.

—¿Qué es eso de que quieres irte? Hablemos—le dije sentado ya en mi escritorio, uno frente al otro, invitándola a conversar.

—Buen dia Pablo. Si, me han hecho una oferta que no puedo rechazar.

—Bueno, todo depende de contra que lo compares. Nosotros también podemos hacerte una oferta para que te quedes—le respondí instintivamente y con cierta arrogancia.

Días antes Juliana, la jefa de Andrea, me había informado que íbamos a tener que buscar un reemplazo para Andrea porque quería irse de la compañía en busca de una nueva oportunidad.

Realmente era difícil para mí creer lo que estaba sucediendo, ya que esa misma semana otras dos personas del mismo equipo también habían comunicado su decisión de renunciar.

Las tres renuncias generarían un impacto fuerte en ese equipo que no podríamos soportar, ni el negocio, ni mi autoestima. Le dije a Juliana que hablaría con Andrea y que iba a convencerla para que se quedara. Y allí estaba yo, queriendo dar una lección sobre cómo convencer a una persona de quedarse en la compañía.

—No sé, Pablo, no creo que puedas.

—Déjame intentarlo —insistí negándome a escuchar sus razones.

—Es que no es un problema de dinero. Me he dado cuenta de que no me gusta lo que hago aquí.

—Entiendo, eso pasa, pero también tiene solución—exclamé. Y perseverando en mi misión proseguí —Pensemos que otra cosa podrías hacer aquí que pudiera gustarte.

—Quiero ser maestra.

—¿Maestra?

—Si, eso... maestra. Me gusta enseñar y me gustan los niños. Soy maestra especial para niños con capacidades especiales.

—Ahá... —dije y me tomé algunos segundos para encontrar la solución ahora que ya "sabía" cuál era el fondo de la cuestión.

—Andrea, es hermoso lo que haces. Pero estoy seguro de que tú ya sabes que los maestros aquí en

Brasil no ganan mucho dinero. Con ese cambio vas a ganar mucho menos de lo |que ganas ahora.

—Si, lo sé.

—¿Y no crees que puedas combinar las dos cosas?

—¿A qué te refieres?

Su pregunta me reafirmó que había una solución posible y beneficiosa para ambos, pero que simplemente ella aún no había pensado. Entonces me dispuse a explicar:

—Bueno, lo que quiero decir es que quizás puedas seguir trabajando aquí y, algunos días por semana, también puedes enseñar en tu tiempo libre. ¡Sería el mejor de los dos mundos para ti! Salario corporativo al tiempo que también le dedicarías tiempo a algo que te gusta mucho hacer.

Y entonces Andrea me miró. Y me miró con tan enorme serenidad y luz que pude sentir sus palabras erizarme la piel antes de que salieran de su boca.

—Pablo, creo que no me entiendes. No es solo que me gusta ensenar, es algo mayor que eso. Cuando estoy al frente de una clase con niños soy realmente yo, me siento plena, me siento en mi mundo, me brota una energía que nunca he sentido aquí en esta oficina. Me siento realizada, el tiempo vuela, siento que mi vida vale la pena, es una pasión que no consigo sentir haciendo ninguna otra cosa.

Mientras la escuchaba sentí una gran admiración (casi envidia) de que ella pudiera tener tanta claridad de lo que quería hacer con su vida y tanta determinación para llevarlo adelante, aun sabiendo que tendría un perjuicio económico. Me sentí un hipócrita tratando de convencerla de no hacerlo.

> *Los ojos se me llenaron de lágrimas mientras escuchaba sus apasionados argumentos y decidí detenerme.*
>
> *—No hace falta que sigas Andrea. Discúlpame, no sé qué estoy tratando de hacer. Ya no sigas. Me has dado una lección. Espero de corazón que nunca pierdas esa capacidad de escuchar a tu corazón. Y Gracias. Muchas gracias —le dije al tiempo que me levanté y le di un abrazo. Y muy emocionado proseguí:*
>
> *—Hablemos de tu reemplazo.*
>
> *Desde aquel día supe que tenía que hacer algo con mi carrera y con mi vida. A lo largo de todos mis posteriores estudios en Psicología Positiva y mi búsqueda de la felicidad en el trabajo, jamás olvidé esa conversación que tuve con Andrea aquella mañana. Sin dudas puedo decir que fue un disparador que me inspiró y me impulsó a repensar mi propósito en la vida.*

Múltiples estudios realizados alrededor del mundo indican que más del 50% de la gente se siente insatisfecha con su trabajo. Es terrible pensar que más de la mitad de las personas, mientras están trabajando, preferirían estar en algún otro lugar.

En gran medida, ser feliz en el trabajo tiene que ver con lograr experimentar el trabajo como una vocación. Es decir, encontrar en él la forma de que nos ayude a acercarnos a nuestro propósito en la vida.

Hay una historia famosa (posiblemente un mito) sobre un trabajador de limpieza en la NASA a quien el entonces presidente de los Estados Unidos, John F. Kennedy, le preguntó cuál era su función. Este señor le respondió:

"Estoy ayudando a poner al hombre en la luna" dejando claro que su trabajo no era simplemente mantener el lugar limpio, sino que había encontrado un propósito mayor. Había encontrado el enlace entre sus tareas diarias y el propósito de la organización, permitiendo que este vínculo impulsara su motivación personal.

Por ello, cuando sientas que estás haciendo algo que te resulta repetitivo y aburrido, recuerda encontrar en esa tarea algún vínculo que te acerque a tu propósito. Si lo que haces no te gusta o no te llena, plantéate comenzar algo nuevo. Al inicio tu trabajo puede ser tu fuente de financiación para poder desarrollar algo más alineado a tu propósito, hasta que te sientas listo para dedicarte solo a eso. En algunos casos, esto tampoco es posible y entonces la clave estará en como manejar el tiempo libre para poder balancear tu trabajo (inevitable) con algo que te apasione.

La mayoría de las organizaciones usan la "Descripción del Puesto" como una herramienta para organizar y distribuir el trabajo y contratar personas. En tal contexto, es poco lo que se aprovecha la verdadera vocación de las personas, pues lo que las organizaciones buscan es a alguien que encaje bien con la descripción del puesto en lugar de extraer lo mejor de cada individuo.

También es cierto que muchísimas personas no tienen clara sus verdaderas pasiones y por lo tanto terminan adaptándose a un trabajo cualquiera que puede estar o no relacionado con su vocación, y con el tiempo acaba evidenciándose la insatisfacción. Por ello, es importante saber cuál es nuestra pasión y nuestra verdadera vocación y hacer el mayor esfuerzo para estar tan cerca de ella como sea posible.

PARTE 1: Tú manejas tu 40%

Si aún no lo has hecho te invito a que hagas tu propla reflexión para descubrir tu vocación y hagas el mayor esfuerzo para ponerla en acción.

Yo sé que todo esto puede sonar poco realista pero lo cierto es que tienes solo una vida, una cantidad finita de tiempo, y no tiene sentido pasar la mayor parte de tu vida haciendo algo que te disgusta o te hace mal, esperando desesperadamente a que llegue el fin de semana. La solución puede variar entre cambiar de trabajo o cambiar nuestra actitud frente a él. Pero no te permitas andar amargado por la vida desperdiciando tu tiempo en algo que te hace infeliz. Tienes la obligación de resolverlo y volverte un enamorado de aquello a lo que decidas dedicarte.

Definición de objetivos

"La tragedia de la vida no pasa por no alcanzar tus objetivos. La tragedia es no tener objetivos para alcanzar"
Benjamín Elijah Mays

Tener objetivos nos ayuda a tener un norte claro y permitirnos disfrutar mejor el camino mientras vamos avanzando. Es además una forma de comunicar lo que queremos lograr y recordarnos que somos capaces de superar obstáculos. La falta de objetivos es como ir caminando sin una dirección clara donde cada paso genera incertidumbre y puede llevarnos a un lugar no deseado.

Además de definir los objetivos laborales como hacemos cada año, es igualmente importante tener y definir aspiraciones personales, es decir, aquellas que nos harán una mejor persona y nos permitan acercarnos a nuestro "yo ideal". Me refiero a cosas tan simples como objetivos para crecer como individuo, para ser una persona mejor, incrementar tus fortalezas, conectar mejor con tu familia y amigos, ser más solidario, contribuir más con la sociedad.

Los objetivos personales deben ayudarnos a tener una mirada de nosotros más integral, ayudándonos en múltiples dimensiones como, por ejemplo, enriquecer las relaciones con las personas que amamos, mantenernos en forma y saludables, subsanar nuestras finanzas, disfrutar más de la vida u organizarnos mejor, entre otras. Según el Dr. Kennon Sheldon del Departamento de Ciencias de la Psicología de la Universidad de Missouri, para incrementar nuestro nivel de bienestar, es importante expresar los objetivos de una manera que impliquen crecimiento, conexión y contribución, en lugar de riqueza, belleza y popularidad.

Un ejemplo de dinámica para el desarrollo de objetivos es la técnica conocida como **"SMART"** (del inglés "inteligente") que hace mención a cinco características con las que los objetivos deben cumplir. La técnica es bastante conocida en el ámbito corporativo, sin embargo, también los objetivos personales pueden ser escritos de una manera "SMART".

S	**Específico**	*"Llamar a mi madre semanalmente"* en lugar de *"Tener una mejor relación con mi madre"*
M	**Medible**	*"Anotarme en la carrera de 5 km en junio"* en lugar de *"Hacer más ejercicio"*
A	**Alcanzable**	*"Meditar 15 minutos todos los días"* en lugar de *"Usar todas mis horas libres para meditar"*
R	**Relevante**	*"Ayudar a las personas necesitadas"* en lugar de *"Convertirme en millonario"*
T	**Tiempo específico**	*"Comenzar clases de piano en marzo"* en lugar de *"Dedicar tiempo para mí"*

Como parte del plan también es importante hacernos algunas preguntas que estimulen el pensamiento:

- ¿Qué aspectos de mi personalidad me incomodan y quiero mejorar?
- ¿Cómo puedo conectar con más frecuencia con las personas queridas?
- ¿Cuáles son mis pasiones irrenunciables? ¿Cómo puedo encontrar tiempo para ellas?
- ¿Qué cosas deberé dejar de lado para lograr acomodar mis necesidades y lograr trabajar en las cosas que quiero y me gustan?
- ¿Cómo voy a hacer para estar más conectado con mis sueños?
- ¿Cómo voy a contribuir más con la sociedad, con mi familia, con mis amigos, con mi comunidad?

Una vida feliz y plena necesita ser integrada, evitando caer en la trampa de medir los logros personales en una única dimensión. Por el contrario, el éxito debe medirse como una reconciliación armónica de las mejoras de carácter personal, familiar, espiritual, físico, económico y laboral. En última instancia, depende de cada individuo determinar qué significa el éxito para ellos y luchar por sus propias metas y aspiraciones personales, en lugar de simplemente seguir las expectativas sociales o los ejemplos establecidos por otros.

PARTE 1: Tú manejas tu 40%

Ten en cuenta que ser rico y famoso no equivale necesariamente a una vida satisfactoria o significativa. Muchas personas que han logrado el éxito financiero y social aún luchan con problemas como la soledad, las adicciones, la ansiedad y la depresión. La búsqueda de la fama y la fortuna a menudo puede ser a costa de las relaciones personales, la salud mental y el bienestar general.

No permitas que los medios la presión social definan el éxito por ti. Te invito a hacer tu propia definición y lo plasmes en forma de metas u objetivos, una que en lugar de riqueza y fama (que está restringida a unos pocos), incluya ética, humanidad, moralidad, espiritualidad, compasión, amistad, lealtad y felicidad.

Positividad vs. Negatividad

*"Cuanto más elogias y celebras tu vida, más razones
aparecen en tu vida para celebrar"*
Oprah Winfrey

Una leyenda Cherokee popular dice así:

*Una tarde, un viejo Cherokee le explicó a su nieto
sobre una batalla que sucede dentro de las
personas.*

*Él dijo: "Hijo mío, la batalla es entre dos lobos que
habitan dentro de nosotros."*

*"Un lobo representa la negatividad: la ira, envidia,
celos, tristeza, arrepentimiento, avaricia,
arrogancia, autocompasión, culpa, resentimiento,
mentiras y ego."*

*"El otro lobo representa la positividad: la alegría,
paz, amor, esperanza, serenidad, humildad,
amabilidad, benevolencia, empatía, generosidad,
verdad, compasión y fe."*

*El niño lo pensó por un minuto y luego le preguntó
a su abuelo:*

"¿Y abuelo... cuál lobo gana la batalla?"

*El viejo Cherokee lo miró y simplemente respondió:
"El lobo que tú alimentes"*

PARTE 1: Tú manejas tu 40%   43

La forma en que percibimos el mundo está impregnada de emociones. Y dependiendo del color de esas emociones, dependerá también cómo experimentaremos nuestra existencia en este mundo.

Cuando estamos expuestos a emociones positivas ampliamos nuestra visión y literalmente pensamos "fuera de la caja", aumentando así nuestras posibilidades. Estar "fuera de la caja" es una metáfora para ejemplificar libertad de pensamiento y de acción, permitiéndonos ser más creativos, fomentando la innovación, la variedad y los pensamientos y acciones exploratorias. Con el tiempo, este repertorio conductual ampliado desarrolla en nosotros nuevas y mejores habilidades y recursos.

Las emociones positivas promueven el aumento de los recursos físicos, sociales, intelectuales y psicológicos de un individuo, mejorando el bienestar emocional y físico. Ese proceso es acumulativo y con el tiempo contribuye a que las personas sean más saludables, mejor integradas socialmente, más efectivas y resistentes. El poder de dejar fluir las emociones positivas brinda más acceso a los placeres de la vida cotidiana.

Cuando las emociones positivas son escasas, las personas se quedan estancadas, pierden grados de libertad de comportamiento y se vuelven dolorosamente predecibles.

Las emociones negativas existen y no se trata de reprimirlas ni eliminarlas sino solamente de balancearlas adecuadamente con las positivas. Porque cuando éstas predominan, consiguen teñir nuestra visión respecto del mundo que nos rodea, generando comportamientos reactivos, defensivos y eventualmente agresivos.

La abundancia de emociones negativas nos coloca "dentro de la caja", un lugar en el que no tenemos perspectiva, no hay una visión clara, no conectamos con otras personas, nos aislamos y nos quedamos atrapados en nuestros propios sentimientos.

El secreto reside en poder detectar cuando una emoción negativa nos empuja "dentro de la caja" y hacerlo consciente para poder buscar una forma de salirnos de allí rápidamente. No hay nada de malo en entrar en la caja, de hecho, es inevitable, dado que todos estamos permanentemente expuestos a emociones negativas. Pero quedarnos allí encerrados no es saludable y condiciona nuestro desempeño. Estas emociones negativas están generadas por pensamientos disparados por nuestro cerebro, en su incansable misión de mostrarnos todo lo malo que ha pasado o puede pasar. Si bien el cerebro es un poderosísimo simulador, no es necesariamente preciso. Muchas de sus predicciones son incorrectas, exageradas y falsas. El cerebro nos muestra el peor escenario posible para que así podamos estar mejor preparados para enfrentar la catástrofe. Sin embargo, en el 99% de los casos esto no va a ocurrir y no deberíamos permitir que esos escenarios altamente improbables nos hagan miserables. Recuerda que la emoción (lo que tu sientes) es real, sin embargo, el pensamiento que lo originó puede no serlo.

Las emociones negativas aumentan la ansiedad y conducen a respuestas instintivas que los humanos acarreamos desde las épocas primitivas. Luchar o huir podrían salvarnos la vida si una fiera estuviera corriéndonos por la selva. Y aunque en la actualidad no estamos expuestos a tantos riesgos de supervivencia, muchas veces dejamos que las reacciones instintivas controlen hasta las situaciones más simples de la vida cotidiana, aun entendiendo que ni luchar ni huir parecen reacciones razonables.

Además de prestar más atención a las emociones positivas para balancearnos, estos son algunos recursos que podemos usar para neutralizar el impacto de las emociones negativas

- Dormir bien.
- Hacer ejercicio físico, practicar deportes.
- Meditar.
- Disponer tiempo libre.
- Practicar hobbies.
- Compartir nuestro tiempo con amigos.
- Escuchar nuestra música favorita.
- Escribir.
- Reducir la exposición a las noticias trágicas.
- Evitar mensajes de violencia o cinismo.
- Evitar personas tóxicas.

Lo importante que me gustaría que te lleves de todo esto son dos cosas:

1) Muchas de las emociones negativas que sientes están originadas por pensamientos falsos o incorrectos. Es importante que los detectes y los elimines rápidamente

2) Debes tener la mirada abierta para poder percibir tanto lo bueno como lo malo de una manera equilibrada y así, balanceando las emociones tendrás mejores chances de balancear tus comportamientos también.

3)

PARTE 2: Las Tormentas

Sin excepción, todos tenemos nuestras tormentas. Son esos momentos donde el cielo se cubre con nubes negras oscureciendo el día, impidiéndonos ver el sol. Cuando estamos en medio de una tormenta no es fácil mantener la calma y tomar buenas decisiones. Esos momentos nos ponen nerviosos, tememos lo peor y hasta las cosas simples se tiñen de complicación.

Uso intencionalmente el término "tormenta" para visualizarlo como un evento oscuro y violento, pero al mismo tiempo pasajero.

Leyendo un artículo científico descubrí que, a pesar de sus efectos devastadores, los huracanes también tienen algunos efectos positivos, como por ejemplo romper con la expansión de bacterias y marea roja en los océanos, aportar lluvia a regiones normalmente áridas, ayudar a balancear el calentamiento global, reponer materia en las barreras de corales y esparcir semillas en regiones alejadas fomentando la reproducción vegetal.

Del mismo modo, las tormentas son necesarias en la vida, entre otras cosas para apreciar más los días soleados una vez que han pasado. Al ocultar el sol durante unas horas, las tormentas nos ayudan a valorarlo más en lugar de darlo por garantizado.

Las tormentas de nuestra vida ayudan a que le demos valor a todas las cosas nobles que tenemos y todo lo bueno que nos pasa cada día. Porque lo cierto es que todos los días nos pasan cosas buenas, solo que ellas van perdiendo su valor cuando se vuelven rutinarias, cuando se vuelven normales, o cuando dejan de preocuparnos. Cosas tan importante como nuestra salud o el bienestar de nuestros seres amados pasan desapercibidas cuando están bien, para solo obsesionarnos cuando dejan de estarlo.

Aunque suene extraño, con el tiempo he aprendido a apreciar y valorar las tormentas, a dejar fluir las emociones que ellas generan y observarlas con curiosidad, bajo la plena convicción de que pronto pasará. Lo que hoy nos sacude y altera como un huracán, se desvanecerá con el tiempo, dando lugar nuevamente al cielo azul y con el paso del tiempo se verá tan solo como una cosa pequeña que nos ha hecho crecer y nos ha fortalecido para afrontar la próxima tormenta aún mejor preparados. Eso sí, hay que ser cuidadoso con la toma de decisiones trascendentales ya que durante estos periodos más oscuros, la visibilidad se encuentra reducida.

Por supuesto que no queremos que pasen cosas malas, especialmente porque estas nos afectan emocionalmente o afectan a otras personas. Pero cuando suceden, todavía tenemos opciones:

1. Quejarnos, victimizarnos, renunciar, en otras palabras, experimentarlo como una catástrofe.

O

2. Aprender de ellas, usarlas para entrenar nuestra paciencia, nuestra resiliencia y nuestro autocontrol.

En el ámbito del trabajo o los negocios es igualmente presumible que existirán altibajos e inexorablemente

PARTE 2: Las Tormentas

habrá que superar momentos de crisis. Cuando esto ocurre, es donde se requiere nuestro máximo esfuerzo, liderazgo, ponderación y madurez para poder superar el momento con serenidad de manera exitosa e idealmente capturando algunos aprendizajes.

A lo largo de mi carrera, son esos momentos de crisis los que recuerdo con mayor claridad como eventos que me han permitido crecer y aprender, y donde además he podido apreciar las mejores demostraciones de solidaridad, trabajo en equipo, compañerismo, creatividad, colaboración y energía positiva.

No deseo que me llegue una tormenta, pero llegará de cualquier modo. Lo que sí quiero es estar preparado y bien equilibrado para enfrentarla mejor cuando llegue.

Verdad-Mentira, Blanco-Negro, Lindo-Feo, Grande-Pequeño, Bueno-Malo, Vida-Muerte. Hay palabras que solo tienen sentido porque existe lo opuesto. Por más valor que le demos a la "verdad", por ejemplo, esta palabra solo tiene sentido porque existe la "mentira".

De la misma manera no existiría el disfrute de las cosas hermosas de la vida si no existieran el odio, la desazón, el rencor, la envidia o el miedo. En otras palabras, las tormentas son un mal necesario para poder valorar y apreciar, por contraste, los buenos momentos de la vida.

Entonces, cuando estos momentos bajos lleguen a nosotros, tenemos que aprender a no desesperarnos ni perder el control, mantener la calma y saber que será algo pasajero, pues su relevancia negativa se desvanecerá con el tiempo.

En esos momentos es muy importante tener perspectiva para poner el problema en su dimensión real, evitando tomarlo como algo personal, permanente y absoluto.

a. **No tomarlo como algo personal**: lo que pasó no es una medida de lo bueno o malo que somos. Es algo que simplemente acaba de pasar.

b. **No tomarlo como algo permanente**: la mayoría de los problemas no durará para siempre. Aun eventos dramáticos y graves se aliviarán con el tiempo y pasaremos a percibirlos con mayor liviandad.

c. **No permitir que lo abarque todo**: probablemente está restringido a un tema o área específica. No dejemos que afecte a todas las dimensiones de nuestra vida.

Cuando logramos tomar algo de distancia, probablemente descubrimos que el problema no es lo suficientemente grande como para cambiar el curso de nuestra vida. De hecho, pensemos en los problemas que tuvimos en el pasado y en cómo los vencimos. A pesar de haberlos vivido como una crisis y haber sufrido, hoy podemos mirar hacia atrás y ver su dimensión real. Pasó, y estamos aquí, vivos y más fuertes.

La próxima crisis también pasara. Todo pasa.

Observa y mantén la calma

"En cada momento de la vida tienes una opción. Las cosas no necesariamente suceden de la mejor manera, pero puedes elegir hacer lo mejor con lo que ha sucedido"
Tal Ben-Shahar

Hablando con un querido amigo hace algún tiempo, intenté mejorar un poco su perspectiva, la cual se hallaba claramente opacada por una marea de emociones negativas. Su visión se encontraba reducida por algunos desencuentros con su jefe. Sentía miedo de perder su trabajo y quedarse fuera del mercado laboral por su edad y su formación. Al mismo tiempo sentía algo así como un "Síndrome del Impostor" como si no mereciera el trabajo que tenía, sumado a que estaba pasando por un momento complicado con su esposa, evaluando una posible separación.

Una situación como esta no es buen momento tomar decisiones, pues nuestra mirada esta opacada por la frustración, las emociones negativas y, en algunos casos, la desesperación. Inclusive ponemos en duda nuestras fortalezas, perdemos confianza y autoestima como si ellas fuesen a desvanecerse.

TRABAJAR Y SER FELIZ

A pesar de entender por lo que estaba pasando, me quedaba muy claro que mi amigo no estaba consiguiendo ver el panorama completo. Solo estaba enfocandose en algunas situaciones no resueltas e ignorando muchos otros aspectos positivos en su vida.

Estos períodos crisis son un desafío en nuestra vida y la mayoría de las veces consumen gran parte de nuestra energía, llegando a un punto en el que se hace difícil pensar en cualquier otra cosa. Debemos recordar que por encima de las nubes siempre hay un cielo azul. Siempre está ahí.

Pero solo cuando nos detenemos y damos un paso atrás es que podemos ver claramente a través de las nubes. En lugar de luchar contra la tempestad es conveniente aprender a observar nuestros pensamientos y sentimientos con calma, con compasión y curiosidad, dando el tiempo a que el panorama se aclare.

Paul Hill, ex-director de la NASA trabajó en 24 misiones diferentes de transbordadores espaciales como director de vuelo y dirigió la investigación sobre el desastre del Columbia en 2003. En una reciente entrevista, Hill explicó que sus equipos se enfrentan con muchas situaciones de vida o muerte, y en lugar de correr como locos por los pasillos, ellos se enfocan en una serie de preguntas.

- ¿Qué es todo lo que sabemos y no sabemos sobre la situación en cuestión?

- ¿Qué es lo que los datos dicen realmente sobre la situación?

- ¿Qué es lo peor que puede pasar?

- ¿Tiene el equipo suficiente información para tener certezas? ¿Cómo podrían obtener más información?

- ¿Qué pasos inmediatos podrían tomarse para continuar progresando en la misión o mantener a todos a salvo?

Estas preguntas pueden ser de gran utilidad en cualquier crisis que nos toque resolver. Recomiendo enérgicamente escribirlas en un papel y responderlas juiciosamente para poder tomar real dimensión de la situación.

Hill cierra su entrevista diciendo *"Cuando la crisis se desata, obtenga un poco más de información, siempre hay tiempo para entrar en pánico más tarde"*

Es muy importante además recordar que, con excepción de algunas pocas profesiones, la mayoría de los problemas que enfrentamos en el trabajo no son de vida o muerte, por lo cual ponderarlos correctamente y ocuparnos de ellos con calma y buen juicio es normalmente lo más atinado.

Manejo del estrés

"Todo lo que estresa hoy, de aquí a un tiempo ni siquiera te importará"
Anónimo

Hace unos años, estaba muy estresado por una presentación muy importante que estábamos preparando para recibir al equipo global de nuestra función. Éramos un equipo grande trabajando contra reloj para ultimar todos los detalles, y el ambiente era tenso.

Una persona del equipo que tenía mucha confianza conmigo me preguntó si estaba nervioso pues claramente pudo notar la tensión en mi comportamiento. Después de profundizar un poco sobre el motivo de mi ansiedad, fue interesante descubrir que yo estaba teniendo un enfoque de vida o muerte, como si realmente mi vida dependiera de aquella presentación. Aunque es obvio que no se trataba de un evento donde la vida estuviese en peligro, inconscientemente yo estaba procesándolo como tal. Normalmente, esto resulta más fácil verlo en otras personas que en uno mismo.

Las encuestas muestran que el 70% de las personas declaran que experimentan estrés todos los días de su vida; y alrededor del 20% de las personas se sienten extremadamente estresadas al punto de no conseguir mantener una vida normal.

PARTE 2: Las Tormentas

Nuestro cerebro es un simulador muy potente y muchas veces proyectamos eventos catastróficos que nos inducen a preocuparnos profundamente. Sin embargo, el 85% de las cosas de las que nos preocupamos en realidad nunca suceden. Pero aun si se concretaran, el 80% de las veces conseguimos manejar la situación mejor de lo que esperábamos. Siguiendo esa lógica, solo el 3% de las veces nos preocupamos de cosas que van a afectarnos, mientras que el restante 97%, la situación no acaba materializándose o se resuelve positivamente.

¡Recuerda esto!, el cerebro imagina escenarios catastróficos porque quiere llamar tu atención para que estés preparado para lo peor. Hace esto solo para protegerte porque esa es su función principal.

Cuando se le preguntó al Dalai Lama cuál era su mayor preocupación sobre la humanidad, respondió: *"Estamos tan ansiosos por el futuro que no disfrutamos el presente. Por lo tanto, no vivimos ni en el presente ni en el futuro. Vivimos como si nunca vamos a morir, y luego morimos sin haber vivido realmente".*

El estrés es una reacción frente a una situación de cambio, dificultad o preocupación pasada o futura. Todos estamos expuestos a cambios, dificultades y preocupaciones, por lo tanto, todos sufrimos estrés. El problema aparece cuando este estrés, al tornarse una condición permanente, no nos permite vivir una vida normal ni pensar con claridad.

En el campo de trabajo, esto es muy común y crea tensiones en nuestras relaciones interpersonales. Según las encuestas, los principales generadores de estrés en el entorno laboral son la presión excesiva para obtener buenos resultados y la baja calidad de los gerentes; y muy especialmente peligrosas son las situaciones donde ambas cosas ocurren combinadas en el mismo lugar. Las empresas deben trabajar duro para reducirlo.

La alta presión para obtener buenos resultados parece tener éxito al principio, ya que mueve a la organización vigorosamente, sin embargo, al extenderse con el tiempo, puede conducir a la saturación y la pérdida de la eficiencia de las personas, aumentando la rotación.

Segun una encuesta realizada por investigadores de Randstad US, el sesenta por ciento de los empleados han dejado sus trabajos, o están considerando irse, debido a malos jefes. Es notorio cómo los empleados ven a la empresa a través de su jefe inmediato. Los jefes que maltratan a sus empleados o no aprecian suficientemente el trabajo que estos realizan, crean una atmósfera de ansiedad innecesaria, llevando a los empleados a aumentar su nivel de estrés y renunciar.

Entonces si eres un gerente, debes saber que tu estado de ánimo contagiará a todo tu equipo. Si tú estás bien, tranquilo, y relajado, tu equipo lo estará también y la eficiencia aumentará. Lo contrario es lógicamente cierto también.

Nadie debería estar dispuesto a trabajar en un lugar donde la cultura sea lo suficientemente tóxica como para destruir la moral de los empleados. Muchas veces, los empleados continúan trabajando para estas empresas, incluso si saben que es el camino equivocado porque no tienen otra opción o por su ambición y deseo de progresar.

Estudios recientes han demostrado, sin embargo, que en una medida no excesiva, el estrés solo es perjudicial para la salud para las personas que así lo creen. Otras personas, em cambio, que consiguen verlo como una

PARTE 2: Las Tormentas

forma de ejercitarse y fortalecerse, consiguen tener una relacion saludable con el estrés sin permitir que tenga una impacto para su salud.

En otras palabras, existe un condicionamiento psicológico que determina el impacto del estrés en cada individuo, abriendo la puerta a plantearnos dos formas de encararlo: como un problema o como un ejercicio de fortalecimiento.

Este enfoque plantea una forma totalmente nueva de pensar en el asunto y de tomar acciones al respecto bajo tres condiciones importantes:

- Evitar que se vuelva permanente;
- Evitar que nos opaque la mirada impidiéndonos pensar con claridad;
- Apreciarlo como algo positivo, que en una dosis adecuada puede fortalecernos.

Aquí comparto algunas técnicas que personalmente me resultan útiles y me ayudan a controlar el nivel general de estrés para poder capitalizarlo como algo positivo.

Realizar Ejercicio Físico: el ejercicio aumenta la producción de endorfinas, los químicos naturales similares a los opiáceos del cuerpo que nos hacen sentir bien. También reduce los niveles sanguíneos de la hormona del estrés llamada cortisol. Además, puede ayudar a despejar la mente de los patrones de pensamiento relacionados con la preocupación y la ira. Si eres de esos que tienen el impulso pero luego no lo concretan, te recomiendo la "Regla de 5 segundos": ¿Tienes un impulso de hacer ejercicio? Ve y hazlo ya, en ese instante, no esperes, ya que después de 5 segundos tu cerebro intentará matar la idea.

Reir y Socializar: la risa también aumenta las endorfinas reduciendo la tensión y enfriando las reacciones de estrés. Es altamente recomendable reemplazar la televisión o la radio de noticias por programas divertidos, o reunirse con amigos y gente divertida para reírnos más. La soledad, en cambio, conduce a mayores aumentos en los niveles matutinos de la hormona del estrés cortisol, una función inmune más pobre, una presión arterial más alta y un mayor nivel de depresión.

Practicar Meditación: está largamente demostrado que la meditación ayuda a reducir el estrés. Contribuye al aprendizaje de la "atención plena" (Mindfulness) que enseña a poner la atención en el presente en lugar de estar enfocado en las preocupaciones sobre el futuro. Si nunca lo has probado antes te recomiendo comenzar con algún tipo de meditación guiada. Existen gran cantidad de aplicaciones para el teléfono móvil que son excelentes para comenzar.

Realizar Trabajo Voluntario: dedicar tiempo a los demás, en especial a los más necesitados, te hace sentir pleno y orgulloso, pues te demuestra a ti mismo que eres una persona generosa, que tienes más tiempo disponible y más control sobre tu propia vida. Esto, además de ser un liberador de stress, contribuirá a incrementar tu autoestima y tu bienestar general.

Practicar hobbies: especialmente esos que hacen que el tiempo vuele sin que te hayas dado cuenta, pondrán a tu

PARTE 2: Las Tormentas

cerebro a funcionar de una manera que no tendrá recursos para seguir elucubrando escenarios de preocupación. El cerebro, aun siendo una máquina casi perfecta, no tiene suficientes recursos para realizar con atención múltiples tareas en simultáneo. De tal modo, si te concentras haciendo un rompecabezas, estarás frenando el proceso de permanente elaboración de escenarios. Cualquiera sea la actividad, música, deportes, jardinería, pintura, fotografía, baile, escritura, o cualquier otra disciplina (idealmente al aire libre), lo importante es que sea alguna que te absorba y te apasione

Las profecías autocumplidas

"Si crees que puedes o crees que no puedes, en ambos casos tienes razón"
Henry Ford.

Hace unos cuantos años fui protagonista de mi propia profecía autocumplida cuando la Directora de Recursos Humanos entró a mi oficina para darme la brillante noticia de que por un cambio de planes debía hablar en una conferencia para todo el personal que tendría lugar esa misma tarde.

Hablar en público era algo que ciertamente no me gustaba y me generaba bastante ansiedad. Me negué al principio pero ella insistió hasta no tuve más alternativa que aceptar el reto.

Asustado, pero sin otra alternativa puse manos a la obra y comencé a escribir mi discurso. Escribirlo no me resultó difícil, sin embargo, la visualización de pararme en frente de todo el personal me paralizaba.

Subí al estrado convencido de que haría el ridículo, que quizás me trabara y no supiera cómo seguir, o que quizás me hicieran una pregunta que no supiera cómo responder. Como no es difícil imaginar, mi intervención esa tarde fue pobre y sin demasiado brillo, ciertamente no estaba ni cerca de mi mejor versión. Ese día me di cuenta de que al predisponerme negativamente para esa actividad

PARTE 2: Las Tormentas

condicioné mi performance de tal manera que pudiera confirmar que yo tenía razón. Tener la razón fue inconscientemente más importante que mi propia performance.

La manera en la que nos predisponemos para hacer alguna actividad es un factor importantísimo en el resultado que se obtendrá. Si creemos que algo va a salir mal, inconscientemente nos estaremos influenciando para que, efectivamente, salga mal. ¿Sabes por qué? Porque para la mayoría de los seres humanos tener la razón es muy importante. Entonces si sale mal, decimos "yo sabía..." y nos conformamos con el hecho de que estábamos en lo cierto.

Del mismo modo, cuando al levantarnos por la mañana pensando que va a ser un mal día, nuestra actitud durante la jornada puede influenciar nuestros comportamientos y a las situaciones a nuestro alrededor para que esa predicción se haga realidad. Es muy probable que sin darnos cuenta pensemos y nos comportemos condicionados por el presagio negativo y de tal modo ignoremos los momentos positivos y amplifiquemos los negativos dándoles más importancia de la que tienen, expandiendo su negatividad hacia otras áreas de nuestra vida. Recuerda que las cosas a las que les prestas atención crecerán en importancia.

En un contexto profesional, esto es igualmente aplicable. Cuando una persona siente que no está calificada para el puesto, es probable que no se esfuerce o no dedique el tiempo suficiente, y así su predicción acabe volviéndose realidad. Esto es lo que se llama Profecía Autocumplida.

El efecto placebo es otro ejemplo de este fenómeno, donde pacientes con alguna dolencia experimentan mejoras creyendo que están tomando una medicina cuando en realidad solo se trata de un producto inocuo. Ese efecto, en este caso positivo, sigue la misma lógica anterior.

Aquella experiencia de hablar en público ese día me ayudó a enfrentar este tipo de situaciones de una manera más sana y productiva, con una predisposición positiva, mayor autoestima, menor juicio personal y mejores resultados, sumado a la capacidad de capitalizar las experiencias como aprendizajes.

Así como existen las profecías autocumplidas negativas (creo que va a salir mal —me predispongo mal — sale mal —"tenía razón"), también existen las positivas (creo que va a salir bien —me predispongo bien —sale bien —"tenía razón").

En el ciclo positivo descrito anteriormente (creo que va a funcionar bien — sale bien — "Tenía razón"), también podría ocurrir un mal resultado, pero incluso en ese caso, la persona tratará de encontrar la causa raíz del fracaso y pensar cómo puede mejorar, con una mentalidad de crecimiento (growth mindset) que conducirá a una mejora continua, esperando tener razón en el próximo intento.

Un gerente tiene una gran influencia en el éxito de su equipo al manejar estas expectativas positivas y negativas. Una de sus principales responsabilidades es mantener a su equipo motivado y enfocado, donde cada persona entienda lo que se espera y se sienta capaz de cumplir en consecuencia, por lo que el gerente debe trabajar en las inseguridades y hacer su mejor esfuerzo para eliminarlas.

Estas inseguridades se presentan de dos maneras:

• Auto inseguridad de las personas en tu equipo. Estas debes trabajarlas con coaching positivo, alentando, guiando a la persona para que consiga paulatinamente confiar más en si misma.

• Las inseguridades que el gerente tiene sobre ellos. Si existen dudas sobre las capacidades de un individuo, inconscientemente el gerente transmitirá esa inseguridad a la persona y a los demás miembros del equipo, lo que influirá en el rendimiento general. Bajo la misma lógica, si en gerente espera grandes cosas y las manifiesta con convicción, dará un gran mensaje de confianza a su gente, creando el ambiente adecuado para que se desempeñen al más alto nivel.

A pesar de ser muy poderoso, el cerebro humano tiene dificultades cuando la creencia preexistente y la realidad no están alineadas. Ese fenómeno se conoce como "disonancia cognitiva" y nuestro cerebro necesita resolver tal discrepancia rápidamente.

Es normal observar un gerente que piensa que una persona de su equipo es su "mejor" colaborador y entonces halaga todo su trabajo con un sesgo positivo sobre todo lo que él hace, ignorando sus fallas y dando mayor relevancia a sus conquistas. De la misma forma, si el jefe cree que un empleado es inadecuado para su puesto, verá todo con una lente negativa y encontrará todas las cosas malas en el trabajo de esa persona.

En este ejemplo anterior, no existe buena o mala intención del manager, simplemente así es como funcionamos los seres humanos y esa es la forma en que inconscientemente nuestro cerebro intenta, con todo su empeño, reconciliar las creencias preexistentes con la realidad, no pudiendo tolerar la inconsistencia.

Si tal discordancia aun existiera, nuestro cerebro toma dos caminos:

1) Modifica la creencia inicial: *"quizás Rodríguez no es tan malo como yo creía",* pasando formar parte del grupo de los "buenos".

2) Elimina la evidencia: *"este trabajo lo hizo bien, pero es solo una excepción, tuvo suerte o quizás alguien lo ayudó".* En este caso, la creencia original se mantiene.

Esto ocurre básicamente porque nuestra apreciación de la realidad nunca es pura. Al observar un evento cualquiera, estamos capturando lo que realmente pasa a través de nuestros sentidos (lo que podemos ver, tocar, oler, escuchar y degustar), pero filtrado a través de nuestras creencias preexistentes, nuestros condicionamientos y miedos, emociones del pasado, etc. Esto hace que el mismo evento pueda ser percibido de manera totalmente diferente por dos personas diferentes.

Las profecías autocumplidas están respaldadas por la teoría de la disonancia cognitiva. Cuando crees que algo no funcionará bien, estás preparando tu cerebro para fallar, y aumentas tu probabilidad de concretar la profecía, porque el cerebro hará un gran esfuerzo para evitar una disonancia cognitiva tratando de probar que las creencias preexistentes y la realidad están alineadas. Por lo tanto, es probable que tu cerebro juegue en contra de tu desempeño para demostrar su asertividad.

Entonces, conociendo la teoría, sería muy bueno usarla para generar expectativas positivas que pueden hacer una gran diferencia cuando nos acercamos a una situación desafiante. Si nos conscientizamos correctamente, podemos crear una profecía autocumplida positiva.

PARTE 2: Las Tormentas

Según la cita de este capítulo, Henry Ford ya sabía de esta teoría hace 100 años, pero aun así seguimos cayendo en la misma trampa.

Quiero enfatizar que, bajo ningún punto de vista, debemos usar esta teoría para bajar la guardia y dejar que el optimismo nos impida ver la realidad. Entender los riesgos de una situación y prepararnos para una contingencia es correcto y prudente, sin embargo, aun previendo contingencias, podemos predisponernos positivamente para el éxito.

PARTE 3: Cambio Personal

No somos máquinas. Frente el mismo estímulo, cada ser humano reacciona de una manera diferente.

¿Te has preguntado por qué? Resulta que nuestro cerebro está conformado por billones de neuronas que se comunican entre sí liberando sustancias químicas llamadas neurotransmisores (por ejemplo, dopamina y glutamato), en el espacio entre ellas que se conoce como sinapsis. Se trata de un sistema perfectamente coordinado que regula la demanda y respuesta, controlando el "turno" de cada neurotransmisor. Frente a un estímulo, hay un conjunto de neuronas que se disparan de manera simultánea creando un circuito neuronal. Con el paso del tiempo estos circuitos van reforzándose y haciéndose cada vez más robustos y automáticos como resultado de nuestras experiencias y nuestra educación, hasta el punto en que se transforman en hábitos. Por ejemplo, si tú vas manejando y ves una luz roja, automáticamente tu pie derecho dejará de acelerar y se moverá al pedal del freno. Este proceso es prácticamente automático y no requiere de un razonamiento ni planificación, pues nuestras neuronas pueden dirigir el movimiento de nuestro pie en función del estímulo visual.

Nuestras emociones, acciones y reacciones también están determinados por esta infinita complejidad de circuitos neuronales que nos hacen únicos. Pero contrariamente a lo que se creía veinte años atrás, nuestro cerebro tiene la capacidad de cambiar y modificar estos circuitos neuronales si aprendemos cómo hacerlo.

El cerebro es un órgano plástico que en realidad puede cambiar su propia estructura y función, incluso en la vejez. La neuroplasticidad es posiblemente el avance más importante de las neurociencias desde que los científicos bosquejaron por primera vez la anatomía básica del cerebro. Este descubrimiento revolucionario promete derrocar la noción centenaria de que el cerebro es rígido e inmutable como una máquina o que está cableado como una computadora.

Este tema es demasiado complejo para las intenciones de este libro, pero si crees que el tema puede interesarte, te recomiendo leer el libro "The Brain That Changes Itself" de Norman Doidge, quien describe con maestría una gran cantidad de casos médicos y ejemplos de cómo esto puede cambiar la vida de muchísimas personas.

Nunca había pensado en esto, pero me sentí empoderado y curioso al comenzar a leer sobre el asunto de la neuroplasticidad y descubrir que tengo la capacidad de cambiar estos circuitos neuronales. Así fue como me dispuse a cambiar algunas cosas que no me gustaban de mí.

Explicaré esto con un ejemplo. Siempre he sido muy impaciente al conducir mi auto. Era una de esas personas que se ponen nerviosas si el conductor de adelante no arrancaba inmediatamente cuando la luz del semáforo se pone verde o de los que se agarran la cabeza cuando el tráfico se detiene en la autopista. Si has estado alguna vez en la ciudad de San Pablo en Brasil, sabrás que el tráfico en esa ciudad es terrible e impredecible. Cuando vivía allí, pasaba muchas horas en el tráfico todos los días, lo cual

PARTE 3: Cambio Personal

tenía un impacto muy negativo para mí, entonces decidí que ese sería mi primer experimento de cambio.

¿Cómo lo hice? Primero, creando un ritual de repetición. Anoté en un papel la siguiente frase: *"Soy paciente, incluso cuando creo que estoy perdiendo el tiempo y disfruto cada momento de mi vida"*. Y me dispuse a tomarme unos segundos para leerlo cada mañana al levantarme. Puse además un post-it® pegado en el tablero de mi coche.

Segundo, manejando mis impulsos y forzando mis comportamientos al inicio. ¿Recuerdas el tema de la disonancia cognitiva? El cerebro precisa que la creencia y el comportamiento estén alineados, entonces hay que forzar el comportamiento para que el cerebro "se lo crea". Al encontrarme parado en el tránsito y empezar a sentirme ansioso e irritado, hacía un esfuerzo enorme para mantenerme calmo y dibujaba una sonrisa en mi boca repitiendo la frase *"Soy paciente, incluso cuando creo que estoy perdiendo el tiempo y disfruto cada momento de mi vida"*. Comencé a cambiar mis acciones y percepciones, mirando hacia afuera del auto descubriendo cosas que nunca había observado, casas bonitas, plazas, personas, árboles. Además, usando internet móvil, comencé a escuchar un programa de radio de Argentina muy divertido que me alegraba la tarde, decidido a hacer de aquel momento algo positivo.

Tercero, repitiendo lo anterior con mucha perseverancia para crear el hábito. Según el Dr. Pascual Álvaro Leone, profesor de neurología a la Escuela Médica de Harvard, se necesitan 6 meses para crear un nuevo circuito neuronal y alrededor de 10 meses para profundizarlo lo suficiente. Solo con repetición es que consigues crear nuevos circuitos neuronales.

No es que ahora disfrute quedarme atascado en el tránsito, pero hoy puedo pasar por esa experiencia sin que me resulte traumática y sin que logre cambiarme el humor. Así pues, comencé a ver cambios y conseguí mejorar. Además de trabajar en mi paciencia, trabajé también en mejorar otros aspectos de mi personalidad, como mi autoexigencia y mi frustración frente a la adversidad, mi resiliencia, mi amabilidad para con otras personas, entre otras cuantas cosas.

Lo importante de esta historia no es en absoluto mi conducta al volante, la cual solo es importante para mí y las personas que van conmigo en el auto. Lo que quiero que te lleves de la historia es la convicción de que, si hay algo de ti que no te gusta, no puedes, no debes, conformarte con un simple "yo soy así". No seas "así" si no te gusta. ¡Cambia!

En esta sección del libro te contaré sobre algunos cambios que me han ayudado a mejorar mi vida personal y profesional, deseando que también puedan ayudarte a ti.

La pregunta correcta: ¿Cómo te gustaría ser?

"Cuando dejamos que brille nuestra propia luz, inconscientemente les damos permiso a otras personas para que hagan lo mismo"
Nelson Mandela

Una vez llegó a mi oficina para una entrevista de trabajo un joven de unos 30 años de aspecto impecable, su cabello correctamente acomodado, perfectamente afeitado y todo un atuendo de sofisticada apariencia. Luego de presentarse le pedí que me cuente un poco de él y de sus aspiraciones.

—Mi aspiración es llegar a CEO o VP regional de la función en los próximos 5 años — contestó inmediatamente, claramente excitado y sentado al borde de la silla.

—Wow, muy bien. Cuéntame de ti.

—Estudié Administración en Estados Unidos y también un MBA allí. Comencé mi carrera…

Durante 15 minutos escuché con atención su corta pero impresionante trayectoria

—Muy impresionante — lo felicité sospechando que su excesiva ambición pudiera jugarle en contra.

> —*Quisiera que me cuentes sobre las cosas que no están en tu currículum, como ser tus aspiraciones como persona.*
>
> *El muchacho se me quedó mirando como en pausa. Noté la incomodidad.*
>
> *Entonces insistió —Bueno, como dije, mis aspiraciones como persona son ser CEO o VP...*
>
> —*Claro, pero esas son aspiraciones profesionales. Me refiero a aspiraciones personales. Lo que tú me estas contando es QUÉ quieres ser, y eso está muy bien, ya lo tengo claro. Ahora, lo que yo te estoy preguntando es CÓMO quieres ser. ¿Te gustaría ser más generoso? ¿Solidario?, ¿Jugador de equipo? ¿Mentor? ¿Líder?*
>
> *A pesar de su dificultad para entender la relación entre esa pregunta y el puesto, la conversación continuó amablemente por otros 30 minutos y mientras yo pretendía llevarlo para ese lado, él intentaba huir desesperadamente hacia la posición y sus aspiraciones profesionales.*
>
> —*Me preparé en unas de las mejores universidades del mundo y quiero crecer. Mi dedicación está 100% direccionada al trabajo.*
>
> *Poco después de una hora concluimos la conversación y me quedé pensando cómo encajaría una persona así dentro del equipo, pues además de preocuparme con sus habilidades técnicas debía asegurarme que comparta los valores de la organización. Decidí pensar un poco más sobre él y lo que yo necesitaba para mi equipo antes de ofrecerle el puesto.*

¿Cómo quieres ser? Invertimos mucho tiempo en definir **qué** queremos ser en el futuro, lo cual es expresado

PARTE 3: Cambio Personal

principalmente como una posición económica, estatus, jerarquía laboral, profesión o título.

Sin embargo, pocas veces nos tomamos el trabajo de reflexionar sobre **cómo** queremos ser, es decir, pensar en las cualidades que nos gustan de nosotros como así también en las que no nos gustan y preferimos cambiar. Nuestra forma de ser y nuestra personalidad es aquello por lo que nuestros verdaderos amigos nos quieren, nos respetan y valoran, y si esto estuviera relacionado con dinero, status o títulos, entonces no serían verdaderos amigos.

Enfocarnos en el **qué**, puede resultar efectivo en el corto plazo, pero insuficinete ya que acabará llevándonos a una situación de soledad física y espiritual si no la acompañamos con el trabajo de nuestras cualidades como persona.

Un ejercicio muy poderoso que he aprendido y aplicado es el del "Yo Ideal", o en inglés "ideal self". Se trata de una reflexión profunda para definir cómo te gustaría ser y ponerte en campaña para conseguirlo.

Lo primero que debes hacer es escribir en un papel cuáles son esas características sobre ti que quisieras demostrar. ¿Quieres ser más generoso?, ¿más justo?, ¿menos arrogante?, ¿más humilde?, ¿más paciente?

Escribe también el porqué de ese deseo. ¿Qué te incomoda hoy? Esto es importante para que puedas encontrarle una razón al esfuerzo.

Para comenzar a ponerlo en práctica debes crear un ritual, como lo expliqué en el capítulo de Cambio Personal. A través del ritual crearás una rutina de leer y repetir tu "yo ideal" día tras día y colocarte recordatorios en todos los lugares que puedas, en el baño, en tu auto, en tu cocina, etc.

Luego, junto con el ritual de repetición, debes comenzar a actuar de acuerdo con el cambio deseado aunque sea un poco forzado al inicio, porque necesitas reeducar a tu cerebro y para eso debemos actuar y pensar de una forma coincidente. Si tú dices "soy humilde" debes actuar con humildad y tu cerebro gradualmente comenzará a controlar los impulsos de soberbia.

Debes repetir esto durante varios meses si quieres que el cambio perdure y se afiance como un circuito neuronal sólido. Pero te recomiendo solo trabar en uno o dos cambios a la vez para que puedas enfocarte y trabajar consistentemente.

Aunque pueda parecer un juego, cuando haces esto una y otra vez, lo que estás haciendo es reeducar tu cerebro anulando tus circuitos neuronales actuales y reemplazándolos por otros circuitos nuevos. En otras palabras, estás provocando un cambio físico en tu propio cerebro. Si tienes perseverancia, ese cambio perdurará, transformándose en un nuevo hábito.

No hay riesgo en probar y disfrutar de la experiencia.

PARTE 3: Cambio Personal   75

Tu mejor versión

"Tu objetivo final en la vida es convertirte en la mejor versión de ti mismo. Tu objetivo inmediato es entrar en el camino que te llevará allí"
David Viscott

Una mañana, en la reunión semanal de equipo, Fernando, una persona de mi equipo llegó tarde y con un humor visiblemente irritado. A medida que todos exponían sus temas, participó con desgano y un tanto belicoso en cada oportunidad que se le presentó.

Al finalizar la reunión, le pedí si podía quedarse unos minutos para poder entender mejor su comportamiento. Almorzamos juntos ese día y conseguí entender que estaba pasando por un mal momento en su vida personal. Con empatía por sus problemas traté de hacerle ver que su comportamiento en la reunión no había sido adecuado y que realizó comentarios un tanto agresivos e innecesarios. "Cuando tú estás bien, contagias esa gran energía que siempre llevas" quise reconocerle, "pero cuidado Fer, que cuando tú no estás bien también nos contagias"

Todos tenemos altibajos, momentos en los que nos sentimos mejor y brillamos, y otros momentos en los que quedamos atrapados en nuestras propias emociones.

TRABAJAR Y SER FELIZ

Las emociones no son ni buenas ni malas. Lo que sentimos es lo que sentimos, y es real. Y todos pasamos cientos de veces cada día por una mezcla de emociones positivas y negativas, a veces cambiando de unas a otras en cuestión de segundos por disparadores que pueden pasar inadvertidos. A veces, una simple mirada tiene la capacidad de cambiarnos el humor en segundos.

El problema aparece cuando permitimos que esas emociones manejen nuestros comportamientos. La invitación es a manejar de una forma más consciente y más saludable el poder que le damos a estas emociones para condicionar nuestros comportamientos. Aunque no lo desees, cuando te comportas mal como resultado de una emoción negativa, automáticamente estás expandiendo la onda negativa para otras personas. Los comportamientos son impresionantemente contagiosos, tanto para lo bueno como para lo malo.

Es importante aprender a respirar y cambiar un comportamiento negativo por uno positivo, evitando caer en una trampa emocional. Debemos aprender a cortar la cadena "emoción-impulso-acción", reemplazándola por una cadena que sea "emoción-reflexión-acción" identificando cuál fue el desencadenante que nos hizo sentir mal, y obteniendo cierta perspectiva para darle la dimensión correcta.

Un problema familiar no te excusa para hablarle groseramente con una persona en tu entorno laboral. Menos aún, cuando un problema laboral te lleva a comunicarte agresivamente con tu esposa, esposo o con tus hijos. Si algo así te sucede algún día y piensas en ello por unos momentos, seguramente verás que ni siquiera está cerca de tus reales intenciones.

PARTE 3: Cambio Personal

Nadie puede cuestionar su derecho a estar enojado, triste o angustiado, sin embargo, tú eres 100% responsable de sus acciones y no tienes derecho a contagiar tu malhumor.

Cuando estás en tu mejor versión y te comportas de la mejor manera, te sientes libre, tranquilo, piensas con más claridad y automáticamente también estás invitando a otras personas a hacer lo mismo, creando un ambiente más positivo y favorable para todos.

Dominar la capacidad de comprender tus emociones y manejar tus comportamientos es un atributo de madurez que te permitirá contribuir a que tanto tú mismo, como tus seres queridos y tus colegas de trabajo siempre disfruten de TU MEJOR VERSIÓN.

Manejo del tiempo

"Hasta que no aprendamos a manejar el tiempo, no manejaremos nada"
Peter Drucker

En una conversación con una colega, varios años atrás, ella me explicaba que estaba sobrepasada con tantas cosas que tenía que hacer y sentía que el tiempo nunca parecía suficiente.

Me habló de toda su carga como madre, esposa y ejecutiva y sus responsabilidades con la casa, la comida, el gimnasio y tantos otros. Hacía muchas cosas, quizás demasiadas pero con la sensación de que no estaba haciéndolas suficientemente bien.

Como si eso fuera poco, también sentía cierta frustración por estar permanentemente postergando algunas actividades que clasificaba como pasiones. Indagando sobre ellas, me comentó que amaba la música y siempre había soñado con poder tocar un instrumento. Sin embargo, tomar clases para desarrollar esa curiosidad ni se le cruzaba por la cabeza debido a que no quería poner más cosas sobre su ya sobrecargada agenda.

En ese momento recordé un ejercicio que había aprendido hacía algún tiempo y le propuse experimentarlo. "Es muy sencillo, le expliqué. Invita a pensarse a uno mismo desde el anonimato." Se trata de imaginar por un momento que nadie fuera a saber nada de ti, como si estuvieras condenado de por vida al anonimato, nadie puede saber si te va bien o te va mal, si te volviste rico o pobre, si lograste el éxito que deseabas o no lo lograste.

Ella se quedó unos largos segundos pensando en la explicación y le lancé la pregunta: "Si nadie tuviera ninguna forma de saber de ti, ¿A qué dedicarías tu tiempo? "

Casi sin dejarme terminar la pregunta me respondió, con convicción en su voz y en su mirada: "Dedicaría una buena parte de mi tiempo a la música."

Su respuesta fue predecible pero importante pues le dejó ver que muchas de las cosas a las que estaba dedicando su vida estaban fundamentadas por miradas externas y son cosas que no haría en un contexto de anonimato. "Debes buscar una forma de encontrar el tiempo para la música en tu vida", le insistí.

Tener tiempo es mucho más importante para la felicidad que tener riqueza material. Piénsalo bien, como se dijo antes, el 50% de nuestra felicidad está determinada genéticamente, otro 10% está dado por las circunstancias de la vida y solo el 40% restante está bajo nuestro control. La forma como empleas tu tiempo es el principal determinante de este 40%. La vida no es más que una combinación de tiempo y energía y tú decides cómo empleas esos dos recursos que te fueron asignados. El reloj corre igual para todos nosotros.

Disponer de tiempo para realizar las cosas que nos gustan es disponer de nuestras vidas. Sin embargo, nos encanta decir que estamos ocupados, realmente ocupados. Decir eso parece ser una de las principales formas en que le hacemos saber a la gente que somos importantes, ya que hemos sido educados para creer que, si estamos ocupados, somos importantes. Piénsalo bien, la falta de tiempo para hablar, socializar, hacer ejercicio, jugar o amar no nos hace importantes, sino que por el contrario nos hace miserablemente infelices.

Cuando en tu trabajo o en tu vida personal te encuentras pidiendo disculpas a alguien porque no has podido generar el tiempo para conocerlo, responderle un llamado o un mensaje, o simplemente reconocer su existencia porque has estado muy ocupado, considera los mensajes REALES que le estás enviando a esa persona:

- Mi tiempo es más importante que el tuyo.
- No soy muy bueno para priorizar mi tiempo.
- Quiero que me juzgues en función de lo ocupado que estoy, no de lo productivo que soy.
- No eres una prioridad, o al menos eso de lo que quieres hablar conmigo no es una prioridad para mí.

Si esto describe algo que te ha estado sucediendo, te animo a que reconsideres tus prioridades y separes tiempo para hablar con tu equipo de trabajo, como así también para tus pasiones y para invertir en las personas y actividades que amas. Disponer de tiempo e invertirlo en las cosas realmente importantes es una contribución fundamental al bienestar general de todo individuo.

PARTE 3: Cambio Personal

Cumplimiento de objetivos

"Revisa sus objetivos dos veces al día para
enfocarte en alcanzarlos."
Les Brown

Como explique en un capítulo anterior, es importante tener objetivos claros tanto en la vida profesional como en la vida personal. Los objetivos nos ayudan a tener claro lo que queremos conseguir y saber para dónde encaminarnos. Si tu destino es hacia el norte, eso ya te está marcando tu orientación y aun que no sepas el destino final con precisión, sabes que si caminas al norte vas en la dirección correcta.

Una vez definidos los objetivos, es importante tener disciplina y manejo de la rutina para asegurarnos que vamos avanzando consistentemente. Parece mentira, pero muchas veces las urgencias le ganan a lo importante y cuando nos damos cuenta se nos han pasado semanas o meses sin haber progresado.

Hace muchos años, en los inicios de mi carrera, llegando el final de una intensa semana de cierre de mes, mi jefe vino hasta mi escritorio y me preguntó cuánto había avanzado en las últimas semanas con mis objetivos anuales.

TRABAJAR Y SER FELIZ

Recuerdo la sensación de fastidio que me invadió. Ambos sabíamos que no había tenido progreso porque me había pasado los últimos días apagando incendios, respondiendo emails o terminando reportes y toda mi energía se había consumido en asuntos operacionales que no necesariamente respondían ni contribuían demasiado a mis objetivos del año.

Distracciones y excusas hay siempre en abundancia para olvidar los objetivos que nos hemos trazado. Los antídotos son disciplina, rutina y concentración.

Estos simples consejos que detallo a continuación pueden ayudar a mantenernos en curso y así cumplir con los objetivos propuestos.

1) Delinear las actividades y tareas que son responsables del éxito de cumplir nuestros objetivos. No te quedes solamente con las metas de largo plazo, debes también definir pasos intermedios. A modo de ejemplo, si quieres llegar a correr una carrera de 10k al final del año deberías proponerte correr 1k el primer mes, 2k el segundo y así sucesivamente. Si solo te enfocas en la meta final corres un alto riesgo de desmotivarte por encontrar el objetivo muy lejano e inalcanzable.

2) Definir las metas diarias (alineadas con las grandes metas anuales) antes de comenzar el día, idealmente la noche anterior, siendo tan específico como sea posible. Aquí ya se trata de crear el hábito, la rutina y consistencia para tener todos los días algo de progreso. Escribir un libro no es tarea sencilla, pero si escribes

PARTE 3: Cambio Personal

una página por día en tres meses tienes un libro.

3) Minimizar las permanentes interrupciones que sufrimos y que quiebran el flujo de nuestra concentración, desenfocándonos de nuestras prioridades.

Este último punto es de extrema importancia especialmente en los tiempos que vivimos y está especialmente relacionado con el uso del teléfono celular. El celular es una maravilla tecnológica y aun no consigo entender cómo podíamos vivir sin él. Sin embargo, es una fuente inagotable de distracción en la forma de mensajes de texto, llamadas, email, noticias, Twitter, Facebook, Instagram, Tiktok, etc, etc, etc. Si bien tenemos acceso con solo un click a cosas que antes eran imposibles, estamos en riesgo de pasar muchas horas al día navegando a la deriva, sin rumbo y lógicamente sin progreso.

También el contexto de trabajo actual fomenta la desconcentración (al contrario de la atención plena), ya que todo el tiempo existen múltiples asuntos compitiendo por nuestra atención generando distracción, pérdida de eficiencia, y desconexión con nuestro objetivo principal.

Lo contrario a la descripción anterior es cuando estamos completamente enfocados, experimentando una plena conexión sin espacio para distracciones. Ahí es cuando el sentido del tiempo desaparece y las horas parecen pasar en minutos.

¿Alguna vez has experimentado que el tiempo vuela cuando lees un libro que te gusta, cocinas, practicas un deporte o simplemente hablas con un amigo? Podemos crear esta misma idea de plena conexión en el trabajo, llevándonos a lograr un mayor rendimiento y mejores resultados.

Algunos consejos para promover una plena conexión:

- Reducir el uso de WhatsApp u otras aplicaciones de mensajería: más del 90% de los mensajes pueden esperar para ser respondidos.
- Responder emails y mensajes en momentos especialmente asignados para ello, y bloquearlos cuando se necesita concentración.
- Eliminar la ventana emergente de "Alerta de Escritorio" en las opciones de email.
- Cerrar el email al trabajar en una presentación o cuando asistimos a una reunión, ya sea presencial o virtual.

PARTE 3: Cambio Personal

Ayuda a otras personas

"Los ríos no beben su propia agua, los árboles no comen sus propias frutas, y las flores no difunden su fragancia para si mismas. Vivir para los demás es una regla de la naturaleza".

Algunos meses atrás, Gaby, mi esposa, me propuso que hiciéramos una actividad con nuestros hijos para fomentar en ellos y en nosotros, dos cualidades fundamentales como Generosidad y Gratitud. Ella es muy apasionada con el estudio de los "Character Strengths" y todo el tiempo organiza iniciativas familiares para poder observar y desarrollar nuestras fortalezas de personalidad y así descubrir cuáles son las que mejor nos representan y nos afloran naturalmente, como así también estimular esas otras que nos cuestan un poco más. Aprovecharíamos la visita de tíos y primos muy queridos que nos visitaron en Chicago para compartir también esta actividad con ellos.

Se trataba de una actividad de voluntariado en un lugar llamado ¨Feed My Starving Children¨ (traducido al español sería algo como "Alimenta a mis Niños Hambrientos"), una ONG sostenida solo por donaciones y que tiene como misión hacer llegar una comida nutricional a niños en necesidad en decenas de países en el mundo. Millones de niños son alcanzados por las comidas de FMSC cada día. Fue una hermosa experiencia que a todos nos llenó de energía y de emoción y a mí en lo particular me impactó de tal forma que después de aquella vez no pude dejar de ir cada semana.

Todos los sábados por la mañana participo de esta actividad de dos horas, y a medida que vamos envasando los alimentos y armando las cargas, a mí se me va llenando el alma de alegría. En cada sesión de dos horas participan unas 150 personas organizadas en varios grupos. Los primeros diez minutos transcurren en la sala de inducción donde a se explica en detalle la actividad que va a realizarse y al mismo tiempo se especifica cuál es el destino final de esos alimentos. Luego comienza la operación de empaque durante casi noventa minutos y al final de la sesión nuevamente se hace un resumen para todos los participantes reportando cuántas cajas se han conseguido procesar, expresándolo en términos de cuántos niños podrán alimentarse como resultado de esa sesión de trabajo.

Cuando escucho, por ejemplo, *"con lo que hicimos en esta sesión conseguiremos alimentar a 200 niños durante un año",* inmediatamente me viene a la cabeza el pensamiento de "¡Wow!, *¿nosotros hicimos eso?".* Después de muchos meses haciendo lo mismo aun no consigo salir de allí sin alguna lágrima en mis ojos. Cuando regreso a casa después de esa actividad me siento pleno y energizado.

Decidí entrevistar a Kristie, una persona que trabaja en FMSC para poder comprender mejor qué es esa energía que siento.

— Kristie, ¿cómo se siente trabajar aquí?

—*Comencé aquí hace solo 7 meses después de haber trabajado toda mi vida en una corporación. Esto es fantástico. Aquí trabajamos con mucho compañerismo, somos todos un gran equipo y tenemos muy clara nuestra misión. Es realmente muy fuerte la sensación cuando te das cuenta de que la labor aquí es salvar vidas. Nosotros trabajamos para niños que de otra forma morirían por falta de comida.*

—*¿Cómo dirías que se diferencia este trabajo de los otros que has tenido anteriormente?*

—*Aquí no hay nadie preocupado por escalar puestos ni compitiendo con otras personas. Este trabajo extrae lo mejor de cada uno.*

—*¿Y por qué crees que se logra eso?*

—*Porque este lugar depende 100% de donantes y voluntarios, todo nace del corazón. Y al no haber una intención de lucro, todo es más fácil. Aquí vienen niños, adultos, ancianos y todos con la misma intención de ayudar y dar lo mejor de sí. Y todos, sin excepción, salen de aquí con una sonrisa y con el corazón pleno de alegría. Aquí nosotros, el staff, nos sentimos importantes, y de la misma manera, cada persona que viene a ayudar se siente importante.*

—*¿Sentís que este trabajo te cambió la vida?*

—*Absolutamente. Tengo 53 años y por primera vez en mi vida amo mi trabajo y siento ganas de ir a trabajar. Realmente no se siente como un trabajo y como dice mi esposo "cada día es una celebración y cada comida es una fiesta".*

—*¿En qué medida este trabajo dirías que está alineado con tu propósito en la vida?*

—*Diría que está muy alineado. Este trabajo me ayuda a ser quien quiero ser: una persona con vocación de servicio. Ayudar a otras personas es lo*

> *que me mueve y por eso estoy tan orgullosa de trabajar aquí. Una vez que vienes a trabajar aquí ya no puedes dejarlo, lo necesitas para llenar tu corazón. Ayudar a otros está en nuestra naturaleza como seres humanos y hacerlo es lo que nos da sentido y plenitud en la vida.*
>
> **—Gracias Kristie!**

Imaginemos por un momento la fuerza y los resultados que podrían alcanzarse si consiguiéramos en cada ambiente de trabajo esa misma energía y pasión que siente Kristie cada día.

Si no tienes la misma suerte que Kristie de trabajar en un lugar como FMSC, igual puedes buscar la forma de contribuir a la sociedad. Te invito a dar el primer paso haciéndote las siguientes preguntas:

- ¿Puedo identificar un propósito altruista dentro de mi organización?
- ¿Cómo puedo ayudar en mi empresa a que haya más actividades de voluntariado?
- ¿Cómo puedo dedicar más tiempo a ayudar a otras personas dentro de mi espacio laboral?
- ¿Puedo identificar a alguna persona a quien pueda ayudar con su carrera?
- Si no encuentro nada de esto dentro de mi trabajo, ¿qué tipo de voluntariado puedo hacer para contribuir en mi comunidad?

Ayudar a otras personas genera una verdadera sensación de placer y bienestar, haciéndonos sentir más conectados con el mundo, aumentando nuestra autoestima y brindándonos un alto nivel de satisfacción personal.

PARTE 3: Cambio Personal

Múltiples estudios han demostrado que las personas con comportamientos altruistas en el lugar de trabajo son más propensos a sentirse satisfechos y son más felices con su actividad. Los simples actos de bondad, las expresiones de gratitud y la oferta de apoyo a los colegas, pueden hacernos sentir mucho mejor con nosotros mismos y mejorar el ambiente de trabajo.

Dar es una manera de demostrar nuestro amor, compasión, aprecio, agradecimiento o admiración hacia otra persona. Esto no necesita ser compensado de ninguna forma física porque el principal retorno es sentirnos bien con nosotros mismos y sentirnos mejores personas, más felices y más satisfechos con la vida. En otras palabras, quien regala o ayuda es quien obtiene el mayor beneficio y es por eso que no espera recompensa.

La vida toma su dimensión más extraordinaria cuando se usa para ayudar a otras personas a crecer y florecer.

Lidera el cambio

"Debes ser el cambio que deseas ver en el mundo"
Gandhi

Cuenta la historia que una madre llevó a su hijo de seis años a casa de Mahatma Gandhi. Cuando llegó su turno, luego de varias horas de cola, ella le suplicó:

- Se lo ruego, Mahatma, dígale a mi hijo que no coma más azúcar. Es diabético y arriesga su vida haciéndolo. A mí ya no me hace caso y sufro por él.

Gandhi reflexionó y dijo:

- Lo siento señora, ahora no puedo hacerlo. Traiga a su hijo dentro de quince días.

Sorprendida la mujer le dio las gracias y le prometió volver tal como Gandhi le había pedido.

Quince días después, volvió con su hijo. Gandhi miró al muchacho a los ojos creando una gran conexión y le indicó:

- Niño, debes dejar de comer azúcar.

Agradecida, pero extrañada, la madre preguntó:

- ¿Por qué me pidió que lo trajera dos semanas después? Podría haberle dicho lo mismo la primera vez que vine.

Gandhi respondió: Hace quince días, yo también estaba comiendo mucho azúcar.

PARTE 3: Cambio Personal

La integridad es el sello distintivo de los grandes líderes, y este atributo se hace visible cuando conducen con el ejemplo. Así como Gandhi no se atrevió a recomendar algo que él mismo no estaba practicando, un gerente que quiera colaboración en su organización debe colaborar, y si quiere respeto en el ambiente de trabajo debe mostrar respeto a los demás. En pocas palabras: debe ser el cambio.

Esta idea de liderar con el ejemplo por supuesto debe aplicarse a todas las áreas de la vida y especialmente en la crianza de nuestros hijos. Si queremos que nuestros hijos trabajen duro y sean generosos, tenemos que trabajar duro y actuar generosamente.

¿Cómo empezar a poner esta idea en acción?

Haz una lista de los valores que le gustaría ver en tu lugar de trabajo.

- ¿Quieres ver más bondad?

- ¿Quieres ver más humildad?

- ¿Quieres ver más transparencia?

Anota los valores que son importantes para ti. Luego, haz un compromiso personal para ejemplificarlos en la oficina. Por ejemplo, si desea un entorno más positivo, actúa positivamente.

Lidera tu Propio Estado Emocional

William James (1842—1910) fue uno de los psicólogos y filósofos más importantes de Estados Unidos de la Escuela de Medicina de Harvard, también conocido como el "Padre de la Psicología Americana". Él dijo: *"No canto porque soy feliz, soy feliz porque canto".*

Hay un concepto erróneo al pensar que primero debemos sentirnos felices para luego actuar en consecuencia, James insistió en la idea de intentar lo contrario, por ejemplo, actuando como si fuéramos felices hasta que realmente lo sintamos. Así como los sentimientos condicionan nuestros comportamientos, también es cierto lo contrario. Al forzar un comportamiento, conseguimos que éste tenga un impacto sobre como nos sentimos.

Lo primero es entender por diferenciar lo que está y lo que no está bajo nuestro control.

Fuera de nuestro control

- Lo que otras personas hacen.
- Lo que otras personas piensan.
- Lo que otras personas dicen.
- El juicio y las reacciones de los demás.

Bajo nuestro control

- Nuestros pensamientos y estados de ánimo.
- Nuestras acciones y comportamientos.
- Nuestra motivación y el espíritu de equipo.
- Nuestras ideas y creencias.

Cuando nos enfocamos en lo que podemos controlar, estamos dominando nuestro 40% de influencia. Por el

PARTE 3: Cambio Personal

contrario, cuando ponemos la atención en cosas fuera de nuestro control se nos diluye la energía y exhaustos, nos frustramos. Aquello que no controlamos simplemente debemos sacarlo de nuestra mente y dejarlo fluir.

Gran parte de la desdicha y frustraciones humanas es generada por situaciones que no resultan como esperábamos. No es que la situación en sí misma sea buena o mala, sino que simplemente es diferente a la expectativa.

Cuando el resultado está bajo nuestro control, lógicamente tenemos la opción de cambiar la trayectoria para conseguir reencaminarnos. Pero muchas veces son factores externos los que determinan la realidad y aunque esto sea muy diferente a lo esperado, no tiene ningún sentido amargarse por ello. La realidad es lo que es, nos guste o no nos guste, y si no hay plan de acción que sirva para solucionarlo, no vale la pena la desdicha.

La atención y nuestro foco deben estar puestos en observar, entender y manejar las emociones, los estados de ánimo y lógicamente nuestros comportamientos para elevar nuestro espíritu y el de todas las personas que nos rodean tanto en casa como en el trabajo. Esto requiere cierta madurez para tomar distancia, pensar, distinguir cosas dentro y fuera de nuestra zona de control y tomar acción donde haga sentido.

Hacernos responsables de nuestras emociones y acciones es lo mejor que podemos hacer para tomar control de nuestro estado anímico y en consecuencia, de nuestro bienestar y felicidad. Nunca hay que olvidar que en cada momento que vivimos, sin importar cuán complicada la situación pueda parecer, tenemos opciones, y es nuestro deber usarlas con sabiduría.

Impacto personal

"Actúa pensando que lo que haces marca una diferencia.
Porque lo hace".
William James.

Hace un tiempo leí esta historia de Loren Eiseley.

> *"Un hombre caminaba por la playa y se encontró con un escenario muy impactante: de repente, la playa estaba absolutamente cubierta por estrellas de mar atrapadas en la arena de tal manera que no era imposible ver la playa ... millones de estrellas de mar estaban retenidas en la arena.*
>
> *Cuando el hombre se fue acercando, percibió que había otra persona que estaba regresando las estrellas al mar, una por una. Tomaba una y la colocaba cuidadosamente en el agua, luego tomaba otra y hacía lo mismo y así hizo lo mismo muchas otras veces.*
>
> *—¿Qué estás haciendo? — le pregunto el hombre que lo contemplaba con mezcla de curiosidad y descreimiento.*
>
> *—Estoy devolviendo la estrella al mar... — le respondió el otro, sin distraerse..*
>
> *—Señor, creo que está perdiendo el tiempo, hay millones de ellas en la playa, lo que usted está haciendo no genera ninguna diferencia...*

PARTE 3: Cambio Personal   95

> *Él lo miró y tomó otra estrella de mar con cuidado,
> caminó unos pocos pasos dentro del agua y la
> devolvió suavemente al mar, diciendo:*
>
> *—Pregúntele usted a esta estrella si acaso no es
> una gran diferencia para ella..."*

Si te concentras en la magnitud de tu impacto en comparación con el sufrimiento de la humanidad, todas tus acciones parecerán irrelevantes. Pero si todos pensáramos igual entonces nadie ayudaría a nadie. Lo importante es hacer algo por alguien, si es solo una persona está bien, si son dos, mejor y si la vida te ofrece la bendición de poder ayudar a cien, adelante!.

Déjame contarte esta historia. Tuve el privilegio de hacer un viaje a Vietnam junto con otros colegas de la empresa que habíamos sido seleccionados para participar de un entrenamiento de liderazgo. Como parte de esa actividad se nos asignaron objetivos sumamente ambiciosos para resolver durante aquella semana. En Vietnam un tercio de los niños menores de 5 años sufren problemas de nutrición mayormente concentrado en zonas rurales. Nuestro objetivo era generar ideas para crear cambios en el perfil nutricional y hábitos alimentarios de esa población ayudando a algunas ONG que ya estaban trabajando en el asunto desde hacía algunos años.

Aunque mis colegas parecían entusiasmados, a los dos o tres días de comenzar, yo comencé a notar cierta desmotivación. Sentía que estábamos perdiendo el tiempo y el objetivo (tal como yo lo había procesado) lucía totalmente inalcanzable y fuera de nuestro control. Sabía que, aunque lográramos generar algunas propuestas, estas no serían suficientemente relevantes. Los funcionarios y miembros de las ONG con los que habíamos tenido sesiones de trabajo hablaban de varias decenas de millones de personas viviendo condiciones extremas de pobreza y bajísima educación. El déficit nutricial poseía un carácter de legado muy marcado, ya que esas comunidades de millones de campesinos han estado cultivando y comiendo arroz por siglos. ¿Cómo podríamos nosotros generar un impacto en tan solo una semana de trabajo? Eso era claramente imposible.

Teníamos un objetivo más que digno y un equipo de gente sumamente capaz, sin embargo, todo era muy complicado. Las reuniones con la ONG no eran claras y la comunicación no fluía adecuadamente. Apenas conseguíamos comunicarnos con los funcionarios del gobierno en un inglés muy básico o algunas veces a través de traductores.

A pesar de nuestros esfuerzos, habíamos pasado ya casi toda la semana y nos quedaba tan solo un día para cerrar la propuesta y presentarla. Aunque teníamos algunas buenas ideas, me encontraba desanimado y angustiado porque sabía que nada sería suficiente para generar un verdadero impacto, y mucho menos para hacerlo sustentable.

La ansiedad del último día junto con la brutal diferencia horaria, no me dejaban dormir. Mientras daba vueltas en la cama, vino a mi mente aquel cuento de las estrellas de mar. Recordar esa historia me reconcilió con la causa y con el sueño y a la mañana siguiente pude ver nuestro trabajo con otros ojos, dejando de pensar en los millones que no podría ayudar y concentrándome en los cientos que sí podía.

Fue una semana maravillosa y un privilegio enorme haber vivido esa experiencia. Aunque lógicamente el

PARTE 3: Cambio Personal

problema nutricional en Vietnam estaba lejos de nuestro alcance, sé que el trabajo que llevamos adelante aquella semana ha mejorado, al menos, la vida de unas cuantas personas. El sólo hecho de haber reflexionado para reconocer que nuestro aporte, aun siendo pequeño, era importante, me permitió volver feliz a mi casa con un reconfortante sentimiento de la misión cumplida.

El mundo está lleno de grandes problemas y a veces simplemente no hacemos nada al respecto porque pensamos que no tendremos ningún impacto. Es un error subestimar el impacto de nuestras acciones, por más pequeñas que sean. Es una trampa que nos intimida y nos paraliza. En cambio, si nos concentramos en ayudar a alguien, es probable que podamos hacer una enorme diferencia en su vida, y el impacto suele ser exponencial porque, inconscientemente, estamos invitando a esa persona a hacer lo mismo por alguien más.

PARTE 4: Tu Potencial

"El potencial de grandeza vive dentro de cada uno de nosotros."
Wilma Rudolph

En su libro "Frames of Mind" (1983), el psicólogo de Harvard, Howard Gardner, escribió que tenemos que dejar de preguntar *"¿Qué tan inteligente es este alumno?"* y empezar a preguntar *"¿Cómo es inteligente este alumno?"*.

Esta nueva pregunta entonces presume que todo el mundo es inteligente, sólo que somos inteligentes de diferentes maneras, con diferentes fortalezas.

Gardner explica que existen 7 tipos diferentes de inteligencia y que todos poseemos una diferente y única composición de todas ellas:

Inteligencia lingüística. Es aquella que está relacionada al uso de las palabras, por lo que las capacidades destacadas aquí son la oratoria y la escritura eficaz, incluyendo también la buena memoria.

Inteligencia lógico-matemática. Es la que se enfoca en la resolución de problemas, en el cálculo mental y en los razonamientos inductivo y deductivo en particular.

Inteligencia espacial o visual. Ella se focaliza en la solución de problemas espaciales, desde jugar a las damas, para lo que se necesita una visión espacial hasta la representación de imágenes precisas. Esta inteligencia se encuentra más presente por ejemplo en los artistas, diseñadores o arquitectos.

Inteligencia musical. Es aquella que se necesita para interactuar con instrumentos y para aprender y analizar sonidos.

Inteligencia corporal o cinestésica. Es la que se ocupa de los movimientos corporales para expresar emociones, competir y crear. Su foco está en la precisión y control de las distintas partes del cuerpo.

Inteligencia intrapersonal. Esta inteligencia es la más íntima pues está enfocada al conocimiento de uno mismo. Una persona con inteligencia intrapersonal normalmente posee una buena autoestima y grandes proyectos personales.

Inteligencia interpersonal. Esta tiene directa conexión con la empatía hacia los demás, y hace que las personas puedan socializar y trabajar juntos para identificar y superar problemas.

Gardner propone que todos somos inteligentes y que del perfeccionamiento de alguno o varios de estos tipos de inteligencia depende la medida en la que nuestras fortalezas son desarrolladas o no.

El rol de los líderes es ayudar a las personas a identificar sus fortalezas, alentarlas a usarlas más a menudo y ayudarlas a extraer el máximo beneficio de ellas. Siempre que hablemos sobre el potencial de una persona, debemos preguntarnos ¿Potencial para qué? Recordemos que el potencial es un concepto muy amplio. Preguntas

PARTE 4: Tu Potencial   101

como *¿Qué hace que esta persona sea notable?* o *¿Cuáles son sus talentos o dones?,* son más adecuadas y precisas.

El potencial de una persona es una capacidad aún no desarrollada que le permitirá sacar el máximo provecho de su vida. Lo más importante es que tal capacidad está presente, es una posibilidad, un talento, aun si no estuviera totalmente desarrollada. Se trate de todo lo que una persona es capaz de alcanzar.

Todos somos capaces de hacer cosas como nadie más puede hacer porque poseemos una combinación singular de capacidades y habilidades que nos hace únicos. Y somos capaces también de ofrecer resultados extraordinarios, en otras palabras, todos tenemos alto potencial.

Sin embargo, hay mucho potencial humano no capitalizado, quizás porque estamos dedicando nuestro tiempo a cosas que no nos gustan o no nos apasionan, perdiendo así la oportunidad de demostrar lo realmente excepcionales que podemos ser.

En gráfico abajo puedes ver 4 cuadrantes combinando pasión y habilidades. Si te fijas allí, la idea es que puedas encontrar no solo actividades para las que poseas habilidades, sino también aquellas que te apasionen. Si encuentras alguna actividad que combine ambas cosas ¡BINGO!, y si además consigues que alguien te pague por ello, ¡SUPER BINGO!

TRABAJAR Y SER FELIZ

(+) Intenta perfeccionarlo o adóptalo como hobby	Intenta dedicarte a esto la mayor parte de tu tiempo
Pasión	
(−) Minimiza actividades en este cuadrante	Si esto es lo que te da de comer, acéptalo como tal y úsalo como fuente de financiación para las cosas que más te apasionan

(−) ←———— Habilidad ————→ (+)

El problema no es la falta de suficientes habilidades, es que no usamos las que tenemos. Entonces pregúntate: ¿Cuál es tu talento? ¿Cuál es tu pasión? Concéntrate en esa fuerza fenomenal que tienes y cultívala cuidadosamente.

Aprende de tus errores

"La información no es conocimiento. La única fuente de conocimiento es la experiencia"
Albert Einstein

Un día cuando era niño, en una tarde de invierno, estaba jugando con una pelota dentro de mi casa y accidentalmente rompí un jarrón de porcelana que mi mamá amaba. Ella no estaba en la casa en ese momento y me me dispuse a intentar ocultar el problema. A pesar de haber hecho mi mejor esfuerzo para repararlo con pegamento, fue muy difícil reconstruirlo y al no poder ocultar las grietas, el jarrón terminó en la basura.

Muchos años más tarde, ya de adulto, conocí una técnica japonesa llamada Kintsugi que consiste en fijar la cerámica con una mezcla de resina, oro, plata o platino en polvo, para que las grietas estén cubiertas, pero claramente visibles. Dejarlas bellamente visibles evidencia la experiencia pasada y expone las batallas por las que se ha pasado incrementando su valor tan solo por el hecho de no pretender ocultarlas. Si buscas la palabra "Kintsugi" en Google podrás ver alguna imagen y entender a qué me refiero.

Esta es una buena filosofía que se puede aplicar a la vida para cambiar la perspectiva sobre nuestros problemas pasados, nuestros obstáculos y fragilidades, dejando de verlos como una debilidad y en cambio observarlos como signo de fortaleza y mejora. De esa forma, tus heridas no desaparecen, sino que por el contrario, se vuelven claramente visibles y valoradas al estar cubiertas "en oro".

Kintugi nos enseña a estar orgullosos de nuestras cicatrices y exhibirlas con determinación.

Los adultos solemos perder la capacidad de aceptar el fracaso, muy especialmente en el entorno laboral donde preferimos ser apreciados por nunca fallar, lo cual impulsa a ocultar nuestras vulnerabilidades.

El director de la Filarmónica de Boston, Benjamín Zander, dijo una vez en una entrevista con USA Today: *"Creo que es tremendamente importante desarrollar una relación poderosa con el fracaso. Si eres un cobarde y te detuviste por el fracaso, no hay forma de que te desarrolles. Cometer errores es el entrenamiento más valioso que existe. Mi maestro solía decir que no puedes tocar buena música a menos que tu corazón se haya roto. Entonces, tal vez la respuesta sea tener más corazones rotos y seguir adelante. Por eso les enseño a mis alumnos a celebrar los errores. Cada vez que cometen errores, digo: ¡Qué fascinante!"*

Las personas que alcanzan grandes logros, sin importar en qué campo, entienden que el fracaso no es un obstáculo, sino un hito en el camino hacia el éxito. Parte del problema es que a veces nos quedamos obnubilados con el éxito de otras personas e ignoramos los muchos errores y fracasos que experimentaron en el camino.

Recordemos algunos casos emblemáticos que nos ayuden visualizar esta idea de ver la vida con una mentalidad de crecimiento:

PARTE 4: Tu Potencial

- Los maestros de Thomas Edison le dijeron que era "demasiado estúpido para aprender nada".
- Charles Darwin era considerado un estudiante promedio. Renunció a una carrera en medicina y fue a la escuela para convertirse en sacerdote.
- Un joven Henry Ford arruinó su reputación con un par de negocios automovilísticos fallidos.
- Stephen King se frustró tanto por su intento de escribir la novela "Carrie" que tiró todo el primer borrador.
- Walt Disney fue despedido del Kansas City Star porque su editor sentía que "le faltaba imaginación y no tenía buenas ideas".
- Steven Spielberg fue rechazado por la Escuela de Artes Cinematográficas de la Universidad del Sur de California varias veces.
- Jack Ma, fundador del gigante chino de e-commerce Alibaba, fue rechazado de Harvard 10 veces y aplicó a 30 trabajos diferentes a los que también fue rechazado consistentemente.

No existe el éxito sin riesgos y sin fracasos. A menudo no lo vemos porque el resultado es más visible que el proceso, por lo que sólo vemos el éxito final y no los muchos fracasos que esos éxitos conllevaron. Una vez que entendemos que tener éxito debe implicar algún fracaso, dejamos de huir del riesgo y de los desafíos.

Fortalezas

"La verdadera tragedia de la vida no es que cada uno de nosotros no tenga suficientes fortalezas, es que no usamos las que tenemos."
Benjamín Franklin.

Transcripción de una conversación con Markus Buckingham:

Una fortaleza no significa que eres bueno en algo, porque, seamos realistas, hay un montón de cosas para las que probablemente eres bastante bueno pero que no te gustan en absoluto, que te consumen.

Si eres bueno en algo, eso es desempeño. No es una fortaleza o una debilidad.

Una fortaleza es una actividad que te fortalece.

Una debilidad es una actividad que te debilita, incluso al solo pensar en realizarla porque no quieres hacerla. Mientras la estás realizando, no puedes concentrarte en ella. Eso es una debilidad, aunque seas bueno en esa actividad.

Las fortalezas y las debilidades son previas al desempeño.

Si defines una fortaleza de esta manera, como una actividad que te fortalece, entonces, la persona

PARTE 4: Tu Potencial

> *más calificada para identificar tus fortalezas eres tú.*
>
> *Si te dijera que tomes una hoja de papel en blanco y la lleves contigo por una semana y que dibujes una línea vertical en el medio de la hoja y escribas "me encantó" en la parte superior de una columna y "lo odié" en la parte superior de la otra columna, y dijera sólo por una semana, cada vez que te entusiasme o disfrutas hacer algo, escríbelo en la columna de "me encantó". Y lo mismo en el otro sentido, en la columna de "lo odié" anota las cosas que trataste de posponer o pasárselas a alguien más o aquellas que mientras las estabas haciendo, no te podías concentrar.*
>
> *Si haces eso, terminarás con una lista de "me encantó" y "lo odié".*
>
> *Esa lista de "me encantó" es por donde debes comenzar cuando estás tratando de responder la pregunta sobre cuáles son tus fortalezas.*
>
> *Tú sabes mejor que nadie lo que te intriga y te atrae.*

En mi experiencia he aprendido que es mucho más importante centrarse en nuestras fortalezas que invertir tanto tiempo en tratar de mejorar nuestras debilidades..

Nuestras fortalezas son una combinación de dos cosas, aquellas relacionadas con las cosas que amamos hacer, y las fortalezas de la personalidad o carácter. En la mayoría de los casos, estas dos cosas están relacionadas, ya que las cosas que nos gusta hacer están fuertemente influenciadas por lo que realmente somos.

TRABAJAR Y SER FELIZ

Uno de los hallazgos clave sobre el carácter es que cada uno de nosotros poseemos una constelación de fortalezas de carácter o personalidad que nos hacen distintos y únicos. Y más interesante aún es que dichas fortalezas son universales y valoradas en cualquier cultura existente en el mundo.

El *"VIA Institute on Character"* desarrolló un proyecto de 3 años, a principios de la década de 2000, en el que participaron 55 científicos distinguidos dedicados al estudio del carácter humano. El proyecto dio como resultado la Clasificación VIA.

Las fortalezas del carácter o personalidad son las partes positivas de ti que influyen en cómo piensas, sientes y te comportas, y son las claves para que logres ser tu mejor versión.

Según el estudio, hay 24 características de la personalidad agrupados en 6 categorías:

Sabiduría	• *Creatividad* • *Curiosidad* • *Juicio* • *Amor por el aprendizaje* • *Perspectiva*
Valor	• Valentía • Perseverancia • Honestidad • Entusiasmo
Humanidad	• Amor • Bondad • Inteligencia Social

Justicia	• Trabajo en Equipo • Justicia • Liderazgo
Templanza	• Perdón • Humildad • Precaución • Autorregulación
Trascendencia	• Apreciación Belleza y Excelencia • Gratitud • Esperanza • Humor • Espiritualidad

Son diferentes a tus otras fortalezas, como tus habilidades únicas, talentos, intereses y recursos, porque las fortalezas de tu carácter o personalidad reflejan tu "verdadero yo", es decir, quién eres realmente en tu esencia.

¿Conoces tus 5 principales fortalezas? Te invito a que realices esta prueba de 15 minutos. Ella te ayudará a hacer un ranking de las 24 fortalezas de carácter para ver cuáles son las más fuertes en ti, y así podrás sacar el máximo provecho de ellas.

https://www.viacharacter.org

No caigas en la tentación de amargarte por las últimas de la lista pues es mucho mejor que sepas cuáles son tus cinco primeras y esforzarte para ponerlas de manifiesto más seguido. Aunque no lo hayas notado, seguramente tus amigos y familiares aprecian mucho esas características que te distinguen.

Según el Dr. Martin Seligman Ph.D., conocido como el "Padre" de la Psicología Positiva, en el trabajo debemos aplicar estas simples reglas siempre que sea posible:

- Identificar tus fortalezas distintivas.
- Elije un trabajo que te permita usarlas diariamente.
- Redefine tu trabajo de una manera que te permita utilizarlas más.
- Si eres un empleador, elige personas cuyas fortalezas encajan con las tareas que deban realizar.

Si conseguimos desplegar nuestras fortalezas y virtudes cada día, no solo hace que nuestro trabajo sea más agradable, sino que transfigura una tarea de rutina o una carrera estancada en una vocación. Si esas fortalezas son además nuestras pasiones, conseguimos la forma de trabajo más satisfactoria y gratificante.

Lo que no puedes resignar

"Al final, solo tres cosas importan: cuánto amaste, cuán gentilmente viviste y cuán inteligentemente dejaste ir las cosas que no eran para ti"
Buda.

Hay cosas que no podemos resignar si deseamos vivir una vida feliz porque son esenciales a nuestro desarrollo personal y espiritual. Por supuesto, necesitamos dinero para vivir, pero lo que no tiene sentido es que para ganarnos dinero, dejemos atrás todas las cosas que nos hacen felices.

Si ocupas tus días solamente en tu trabajo y este no está vinculado fuertemente con tu propósito y tu razón de existir, estás descuidando tu crecimiento personal y espiritual. No todo el mundo tiene la suerte de trabajar en algo que le apasione, pero debes buscar acercarte a esto tanto como puedas. Y en caso de que no lo consigas, debes ser aún más cuidadoso en cómo empleas tu tiempo libre debiendo hacer mejores elecciones.

En uno de los primeros workshops de "Happiness at Work", propuse a los participantes hacer una actividad para entender qué era lo que cada uno más deseaba hacer con su tiempo y con su vida. Los invité a reflexionar sobre cuáles eran aquellas cosas que no podían resignar, aquellas sin las que no podían vivir. Luego de algunos minutos de reflexión, todos comenzaron a compartir con el resto lo que habían escrito. Cierta insatisfacción y hasta tristeza comenzó a aflorar en la sala. Inclusive algunas lágrimas.

Los temas circularon alrededor de los hijos, el matrimonio, los amigos, la casa, el trabajo, los libros o los deportes, entre muchas otras cosas.

Luego dedicamos otros cuantos minutos a evaluar cuánto tiempo estábamos realmente dedicando a esas cosas sin las que supuestamente "no podríamos vivir". Como era de esperar, la gran mayoría estaba disconforme con el tiempo que estaban dedicando a estas actividades. Con cierta frustración, alguien preguntó qué haríamos con este hallazgo, y cómo esto, en última instancia, era importante si de todos modos el tiempo no alcanza para todo.

La importancia lógicamente reside en que estábamos hablando de actividades y personas que son nuestra esencia y no hay forma de sentirse completo si no invertimos tiempo en ellas. Sin ellas, es probable que sintamos que nos falta algo, que estamos fallando. De hecho, lo ideal es encontrar una forma de hacer nuestro trabajo compatible con aquello que no puedes resignar. Si el trabajo se opone o nos impide dedicar tiempo a las cosas que amamos, terminaremos odiándolo.

Pasamos por nuestras vidas haciendo muchas cosas, tratando de llenar cada momento libre. En estos días, en que nuestras opciones son casi ilimitadas, si no nos tomamos el tiempo para pensar y elegir cuidadosamente podríamos estar llenando nuestras vidas con cosas innecesarias y no gratificantes.

PARTE 4: Tu Potencial

Practicar nuestras pasiones más a menudo y pasar más tiempo consciente con las personas y las actividades sin las cuales no puedes vivir es esencial para encaminar la búsqueda de nuestra felicidad. No hay felicidad sin las cosas que nos hacen felices.

No se trata de descuidar nuestras principales responsabilidades y compromisos. En cambio, se trata de eliminar de la ecuación la visión de los demás, los arquetipos culturales y la aprobación externa, y seguir nuestros deseos íntimos, como pretendiendo que somos totalmente anónimos. Desde ese lugar donde nadie nos ve ni nos juzga, podemos pensar claramente sobre lo que realmente queremos hacer con nuestro tiempo, invitándonos a pensar en cómo sacar el máximo provecho del tiempo que tenemos:

- ¿Comenzarías a practicar una nueva actividad?

- ¿Pasarías más tiempo jugando con tus hijos?

- ¿Escribirías un libro?

Sea una relación con una persona amada, una actividad o un proyecto, tenemos la obligación moral para con la vida de dedicarle tiempo a nuestras pasiones y evaluar qué cosas dejaremos de hacer para lograrlo. Si tomamos la mayoría de nuestras decisiones con eso en mente, estaremos contribuyendo conscientemente a nuestra felicidad.

Epílogo: Tú elijes

Tú elijes. Con cada decisión, grande o pequeña, tú elijes. Y es a través de nuestras elecciones que creamos nuestra propia realidad, pues con cada decisión vamos dándole forma y contenido a nuestra vida.

Tú elijes que hacer con tu vida.

Lo mejor que podemos hacer como individuos es honrar nuestras principales fortalezas y ponerlas al servicio de la humanidad y el progreso. Para vivir una vida plena debemos explorar aquellas cosas a través de las cuáles podemos trascender y con de ellas darle un mayor significado a nuestra vida, transformándolas en algo mayor.

Conocer nuestras pasiones y hacer elecciones que nos acerquen a ellas es una forma de honrar nuestra existencia. Ya sea a través de las ciencias, las artes, la educación, el servicio a la comunidad, el comercio o cualquier otra expresión, una vida plena consiste en obtener felicidad al usar nuestras fortalezas distintivas todos los días y en tantas ocasiones como sea posible.

Tú elijes cómo conducirte por la vida.

Debemos cuidar nuestras acciones pues actuar impulsivamente es una de las trampas más comunes a las que estamos expuestos.

Esta idea queda maravillosamente clara en la siguiente cita, sin duda mi favorita, una reflexión atribuida a Viktor Frankl, un neurólogo y psiquiatra austriaco sobreviviente de Auschwitz.

"Entre el estímulo y la respuesta hay un espacio.

En ese espacio es que tenemos el poder para elegir nuestra respuesta.

En nuestra respuesta reside nuestro crecimiento y nuestra libertad"

Epílogo: Tú elijes 117

Notas

TRABAJAR Y SER FELIZ

Notas

Notas

Notas

Notas

Notas

Notas

Notas

www.ingramcontent.com/pod-product-compliance
Lightning Source LLC
Chambersburg PA
CBHW070651220526
45466CB00001B/394